最新财会系列丛书

商品流通企业会计
shangpin liutong qiye kuaiji

模 拟 实 习
moni shixi

（第二版）

丁元霖　主编

图书在版编目(CIP)数据

商品流通企业会计模拟实习 / 丁元霖主编.—2版.
—上海：立信会计出版社，2012.12
（最新财会系列丛书）
ISBN 978-7-5429-3696-7

Ⅰ.①商… Ⅱ.①丁… Ⅲ.①商业会计 Ⅳ.①F715.51

中国版本图书馆CIP数据核字(2012)第291606号

责任编辑　　蔡莉萍
封面设计　　周崇文

商品流通企业会计模拟实习（第二版）

出版发行	立信会计出版社
地　　址	上海市中山西路2230号　　邮政编码　200235
电　　话	(021)64411389　　　　　　传　　真　(021)64411325
网　　址	www.lixinaph.com　　　　　电子邮箱　lixinaph2019@126.com
网上书店	http://lixin.jd.com　　　　　http://lxkjcbs.tmall.com
经　　销	各地新华书店
印　　刷	当纳利（上海）信息技术有限公司
开　　本	787毫米×1092毫米　　1/16
印　　张	18.25
字　　数	438千字
版　　次	2012年12月第2版
印　　次	2019年8月第4次
书　　号	ISBN 978-7-5429-3696-7/F
定　　价	32.00元

如有印订差错，请与本社联系调换

最新财会系列丛书编写说明

自从 1993 年 7 月由立信会计出版社出版了《商品流通企业会计》一书后,随着各个具体会计准则和有关法规的陆续出台,该书进行了多次修订,深受读者欢迎,曾被评为"2008 年度全行业优秀畅销品种",已出至第九版,印数已达 56.5 万册。以后又陆续出版了《旅游饮食服务业会计》(目前已出至第五版,印数也达 13.34 万册)、《商品流通企业财务管理》、《银行会计》、《外贸会计》、《物流企业会计》和《商品流通企业会计模拟实习》等,均深受读者欢迎,取得了很好的经济效益和社会效益。其中,《外贸会计》一书荣获第七届全国高校出版社优秀畅销书一等奖。这些著作形成了一套最新财会系列丛书。

该套丛书的特点是:理论联系实际,深入浅出,通俗易懂;遵循循序渐进的原则,合理安排各门学科的内容,详略得当;每一本书的主要内容均由丁元霖执笔编写,连贯性好,系统性强;能根据会计改革及实际工作的需要,不断地充实更新书中内容;有与丛书配套的习题与解答,便于学员自学。

丁元霖

2012 年冬

第二版前言

本书自 2007 年初版以来，承蒙广大读者厚爱，已印刷了 8 次，发行量已达 25 800 册。随着国务院颁布的修订后的《中华人民共和国增值税暂行条例》以及新的税务制度的出台，引起了会计核算新的变更。为了使本书的内容跟上会计改革的步伐，以体现其先进性，作者对本书进行了修订出版(即第二版)，以便更好地为教学服务。

与本书配套的《商品流通企业会计模拟实习解答》一书也将进行修订。

本书由丁元霖、杨炜之、潘桂群、刘芳源、刘骥、丁辰、傅秋菊和吴峥修订。全书由丁元霖主编。

读者对本书如有疑问或建议，可以通过电子信箱 dingyuanlin@hotmail.com 与作者联系，以利于今后改进。

编　者

2012 年冬

初 版 前 言

　　1993年由立信会计出版社出版的、由作者主编的《商品流通企业会计》一书深受高等院校相关专业师生的欢迎,至今已出了第七版,发行量已达49万册。

　　近几年来高校学生的实习面临着不少的困难,为了增强学生的实际操作能力和综合分析能力,作者集长期会计教学经验和会计实践经验,结合2006年2月15日财政部新颁布的《企业会计准则》和2006年10月30日颁布的《企业会计准则——应用指南》,联系企业的实际情况,编写了这本《商品流通企业会计模拟实习》,以期更好地为高等财经教育服务。

　　本书提供了批发兼营零售的商贸有限公司2005年1月至11月份的有关账户记录和12月份发生的经济业务,并附有反映经济业务的原始凭证和需要财会人员根据经济业务内容填制的原始凭证,如支票、电汇结算凭证、托收承付结算凭证、现金解款单、进账单等等,以增强学生的实战能力。此外,本书还提供两栏式、多栏式、现金日记账、银行存款日记账账页和财务报表等。对于记账凭证、三栏式账页则需要外购,以降低学生实习的成本。

　　学生可以根据本书提供的资料以及外购的凭证和账页,编制记账凭证和科目汇总表,登记总分类账和明细分类账;通过试算平衡,编制财务报告和进行财务分析。通过模拟实习,可以使学生全面、系统地掌握商品流通企业的会计核算,从而为日后从事会计工作打下坚实的基础。

　　本书也适用于会计自学者,当读者掌握了会计理论知识后,本书将为你提供一个最快捷的实习机会。

　　为了便于教学,立信会计出版社还同步出版了与本书配套的《商品流通企业会计模拟实习解答》一书。

　　本书由丁元霖、杨炜之、潘桂群、刘芳源、丁辰、傅秋菊和吴峥编写。全书由丁元霖主编,杨炜之、潘桂群为副主编。

　　广大读者如发现书中有错误或者有建议可以通过电子信箱dingyuanlin@hotmail.com联系,以利于今后改进。

编　者
2006年12月

目　　录

第一部分　企业概况、主要业务流程和实习人员的组织安排 …………………… 1
　　一、企业概况 ………………………………………………………………………… 1
　　二、企业主要业务流程 ……………………………………………………………… 1
　　三、实习人员的组织安排 …………………………………………………………… 2
第二部分　公司财务制度和会计核算的有关规定 ………………………………… 3
　　一、流动资产 ………………………………………………………………………… 3
　　二、固定资产 ………………………………………………………………………… 3
　　三、税金 ……………………………………………………………………………… 3
　　四、利润分配 ………………………………………………………………………… 3
　　五、会计核算程序 …………………………………………………………………… 4
第三部分　建账资料、编制财务报告有关资料及银行对账单 …………………… 5
　　一、该公司各总分类账户 2011 年 1 月 1 日和 2011 年 12 月 1 日的期初余额 …… 5
　　二、该公司有关账户的二级明细账户 12 月 1 日的期初余额 …………………… 6
　　三、该公司"应交税费"账户所属有关明细账户的资料 ………………………… 6
　　四、该公司"库存商品"三级明细账户 12 月 1 日的期初余额 ………………… 7
　　五、该公司损益类账户 2011 年 1～11 月的发生额 ……………………………… 7
　　六、该公司有关账户全年的借贷方发生额 ………………………………………… 7
　　七、该公司 2010 年净利润和利润分配的有关资料 ……………………………… 8
　　八、该公司部分总账账户有关明细账户全年的净发生额 ………………………… 8
　　九、其他有关资料 …………………………………………………………………… 9
　　十、银行对账单 ……………………………………………………………………… 9
第四部分　经济业务及反映经济业务的原始凭证 ………………………………… 10
　　一、该公司 2011 年 12 月份发生的经济业务 ……………………………………… 10
　　二、反映经济业务的原始凭证 ……………………………………………………… 21
　　三、发生的经济业务需要会计填制的原始凭证和票据 …………………………… 169
第五部分　记账凭证、会计账簿、财务报告和银行存款余额调节表 …………… 219
　　一、外购的记账凭证和会计账簿 …………………………………………………… 219
　　二、本模拟实习提供的账页、试算平衡表和财务报告 …………………………… 219
　　三、银行存款余额调节表 …………………………………………………………… 277
第六部分　会计模拟实习的参考答案 ……………………………………………… 279

第一部分 企业概况、主要业务流程和实习人员的组织安排

一、企业概况

企业名称：静安商贸有限公司
纳税人识别号：310110125076144
地址：上海市南京西路1025号
电话：63557788
注册资本：陆佰玖拾贰万元整
公司类型：有限责任公司
经营范围：批发服装，零售服装，百货，食品
开户银行：中国工商银行上海市分行静安支行
银行账号：110108213780

二、企业主要业务流程

(一) 货币资金收付业务

公司财会部门根据审核无误的商品销售收入缴款单、发票等收付款原始凭证，办理现金收付业务，并将销货现金解存银行；签发票据和结算凭证，办理转账结算业务。

(二) 商品购销业务

进货业务由业务部门与供货单位签订购销合同，合同一式三份，供货单位、业务部门和财会部门各留一份。业务部门根据供货单位开来的增值税专用发票，将其与合同核对，相符后，即填制收货单一式数联，将增值税专用发票和收货单送交财会部门，财会部门将单证审核无误后，作为付款的依据。

业务部门分为批发部和商场两个部门，批发部采购的商品由仓库负责验收；商场的商品由营业柜组负责验收。购进商品验收入库后，由验收部门将收货单入库联送交财会部门，财会部门据以增加库存商品。

商场服装组经营的商品全部由批发部调拨，届时由批发部填制商品内部调拨单，由调拨双方签章后，送交财会部门，财会部门据以转账。商品按成本价调拨，月末按服装组销售成本的6%确认批发部的调拨收益。

对于销货业务，批发部业务部门根据购销合同填制增值税专用发票，留下存根联，其余各联转交仓库，仓库发货后，财会部门根据转来的增值税专用发票作销售入账，并根据合同规定与对方办理结算。商场业务部门每天营业结束后，由各营业柜组收款员填制商品销售收入缴款单，缴款单一式两联，连同收取的现金、票据、信用卡签购单等一并送交财会部门，财会部

点收无误后,加盖收讫戳记,一联退还缴款部门,作为其缴款的依据;另一联留在财会部门,作为商品销售收入和收款的入账依据。财会部门再将各营业柜组的销货现金集中汇总后,填制解款单解存银行。

三、实习人员的组织安排

实习人员可以 4 人分为 1 组,具体分工如下。

（一）出纳

出纳安排 1 人,负责办理公司的收付款业务,填制各种收、付款的票据和结算凭证,编制收、付款记账凭证,登记现金日记账和银行存款日记账。月末将银行存款日记账与银行对账单进行核对,编制银行存款余额调节表。

（二）会计

会计安排 2 人。1 人负责审核原始凭证,编制转账记账凭证和有关的原始凭证;另一人负责审核各种记账凭证,登记应收票据、应收账款、库存商品、应付票据、应付账款、主营业务收入、主营业务成本、应交税费(部分)、销售费用、管理费用、财务费用和利润分配二级明细账,登记库存商品三级明细账。

（三）会计主管

会计主管安排 1 人,审核各类账证,编制科目汇总表(建议 10 天汇总 1 次),据以登记总账,编制财务报表,进行财务分析。

第二部分　公司财务制度和会计核算的有关规定

一、流动资产

1. 库存现金限额为2 000元,超过限额的现金应及时送存银行。
2. 销货现金必须于当天解存银行,不得"坐支"。
3. 总务部门和业务部门各有定额备用金800元。
4. 计提应收账款坏账准备采取余额百分比法,坏账准备率为5‰。
5. 根据《企业会计准则——存货》的规定,商品的采购费用有三种不同的处理方法。该企业因采购费用的金额较小,建议在发生时直接计入当期损益。
6. 批发部的库存商品采用数量进价金额核算,设置类目账进行二级明细核算和设置明细账进行三级明细核算。

月末采用加权平均法计算商品销售成本。

7. 商场的库存商品采用售价金额核算,按营业柜组设置明细账进行二级明细核算。

月末采用分柜组差价率法计算已销商品进销差价,以调整商品销售成本。

8. 包装物采用一次摊销法。

低值易耗品采用五五摊销法。

9. 期末对存货要进行盘点,发生存货缺溢应填制"盘点短缺溢余报告单",予以转账,以保证账实相符。并按规定计提存货跌价准备。

二、固定资产

1. 固定资产折旧采用年限平均法。
2. 固定资产发生资本化后续支出应计入固定资产的价值。固定资产发出费用化后续支出,受益期在1年以内的,计入当期损益;受益期在1年以上的,先列入"长期待摊费用"账户,然后再分期摊销。

三、税金

1. 本公司为一般纳税人,增值税税率为17%。
2. 营业税税率为5%。
3. 城市维护建设税税率为7%,教育费附加率为3%。
4. 所得税税率为25%。

四、利润分配

1. 按净利润的10%计提法定盈余公积。
2. 按净利润的8%计提任意盈余公积。

3. 应分配给投资者利润,由董事会决定。

五、会计核算程序

本公司采取科目汇总表核算程序,每 10 天汇总一次。

科目汇总表核算程序的具体操作步骤有以下七个。

1. 根据原始凭证编制记账凭证。
2. 根据收款凭证和付款凭证分别登记现金日记账和银行存款日记账。
3. 根据记账凭证及其所附的原始凭证登记各种明细分类账。
4. 根据记账凭证定期编制科目汇总表。
5. 根据科目汇总表登记总分类账。
6. 定期将现金日记账、银行存款日记账和各种明细分类账的余额分别与总分类账的余额进行核对。
7. 期末根据总分类账和明细分类账的记录编制财务报告。

第三部分 建账资料、编制财务报告有关资料及银行对账单

一、该公司各总分类账户 2011 年 1 月 1 日和 2011 年 12 月 1 日的期初余额

编号	借方余额账户名称	1月1日余额	12月1日余额	编号	贷方余额账户名称	1月1日余额	12月1日余额
1001	库存现金	1 725.80	1 850.00	1231	坏账准备	3 640.88	2 780.00
1002	银行存款	445 121.60	491 678.80	1408	商品进销差价	335 083.86	333 954.31
1121	应收票据	649 478.00	665 682.00	1471	存货跌价准备	3 080.00	1 550.00
1122	应收账款	728 176.60	813 929.40	1602	累计折旧	995 875.60	1 189 780.00
1221	其他应收款	13 956.00	18 910.00	1702	累计摊销		19 140.00
1402	在途物资	151 658.00	161 100.00	2001	短期借款	1 210 000.00	1 200 000.00
1403	原材料	34 726.20	36 694.00	2201	应付票据	455 975.80	436 433.20
1405	库存商品	2 247 788.70	2 292 564.30	2202	应付账款	223 920.00	197 860.00
1411	包装物	16 682.30	19 868.00	2211	应付职工薪酬	37 998.99	37 621.40
1412	低值易耗品	66 993.90	69 576.60	2221	应交税费	38 492.66	36 874.36
1481	待摊费用	24 480.00	2 040.00	2231	应付利息		11 730.00
1501	持有至到期投资①	290 000.00	300 000.00	2232	应付股利	300 100.84	
1601	固定资产	5 863 560.00	5 971 600.00	2241	其他应付款	13 118.47	13 099.83
1701	无形资产	133 340.00	133 340.00	4001	实收资本	6 800 000.00	6 800 000.00
1801	长期待摊费用	66 660.00	55 550.00	4002	资本公积	123 805.00	123 805.00
1811	递延所得税资产	2 255.00	2 255.00	4101	盈余公积	122 250.00	122 250.00
				4103	本年利润		436 500.00
				4104	利润分配	73 260.00	73 260.00
	合 计	10 736 602.10	11 036 638.10		合 计	10 736 602.10	11 036 638.10

① 持有至到期投资均为国债投资,1月1日的余额在当年11月30日到期;12月1日的余额在当年11月30日购进,期限3年,准备持有至到期。

二、该公司有关账户的二级明细账户 12 月 1 日的期初余额

1. "应收票据"账户。
徐汇商厦	389 262.00
南京服装公司	276 420.00

2. "应收账款"账户。
黄浦商厦	250 181.10
长宁商厦	216 122.40
昆明服装公司	126 769.10
沈阳服装公司	218 296.80
长风商店	2 560.00

3. "在途物资"账户。
东莞雀巢公司	57 600.00
江西羽绒服厂	103 500.00

4. "库存商品"账户。
男装类	593 438.00
女装类	543 158.50
服装组	412 670.00
百货组	373 328.00
食品组	369 969.80

5. "长期待摊费用"账户。
商场装修费用①	55 550.00

6. "持有至到期投资"账户。
国债投资	300 000.00

7. "商品进销差价"账户。
服装组	130 389.48
百货组	99 603.32
食品组	103 961.51

8. "应付票据"账户。
宁波服装厂	276 821.80
上海服装厂	159 611.40

9. "应付账款"账户。
利华公司	197 860.00

10. "应交税费"账户。
未交增值税(转入未交增值税)	19 967.60
应交营业税	600.00
应交城市维护建设税	1 439.73
应交所得税	14 250.00
教育费附加	617.03

11. "实收资本"账户。
武泰公司	4 760 000.00
华安公司	2 040 000.00

12. "盈余公积"账户。
法定盈余公积	101 250.00
任意盈余公积	81 000.00

13. "利润分配"账户。
未分配利润	73 260.00

三、该公司"应交税费"账户所属有关明细账户的资料

(一)"应交增值税"和"未交增值税"二级明细账户下的三级明细账户 1~11 月的发生额

1. "应交增值税"账户。

贷方明细账户	金　额	借方明细账户	金　额
销项税额	2 849 692.78	进项税额	2 571 728.40
进项税额转出	340.00	转出未交增值税	278 304.38

2. "未交增值税"账户。

---

① 该装修费用今年和明年每月均摊销 1 010 元。

"转入未交增值税"(1月1日期初为贷方余额 25 291.64 元)账户,贷方发生额 278 304.38 元,借方发生额 283 628.42 元。

(二)"应交所得税"二级明细账户 1 月 1 日期初余额为 2 450.25 元,1~11 月贷方发生额为 145 500 元;借方发生额为 133 700.25 元。

四、该公司"库存商品"三级明细账户 12 月 1 日的期初余额

1. "男装类"二级明细账户下的三级明细账户。

三级账户名称	数量	单价	金额	计量单位	销售牌价
男呢大衣	650	289.80	188 370.00	件	315.00
男羽绒服	560	241.60	135 296.00	件	262.50
男呢夹克衫	510	179.40	91 494.00	件	195.00
男牛仔裤	2 580	69.10	178 278.00	条	75.00

2. "女装类"二级明细账户下的三级明细账户。

三级账户名称	数量	单价	金额	计量单位	销售牌价
女呢大衣	705	262.50	185 062.50	件	285.00
女羽绒服	620	221.00	137 020.00	件	240.00
女时装	480	207.00	99 360.00	套	225.00
女牛仔裤	1 960	62.10	121 716.00	条	67.50

五、该公司损益类账户 2011 年 1~11 月的发生额

收入类账户	金额	费用类账户	金额
主营业务收入	16 827 076.82	主营业务成本	14 707 247.87
其他业务收入	132 000.00	其他业务成本	35 760.69
投资收益	13 557.50	营业税金及附加	34 665.34
营业外收入	10 786.00	销售费用	1 229 387.12
		管理费用	312 834.82
		财务费用	61 484.57
		资产减值损失	4 409.41
		营业外支出	15 630.50
		所得税费用	145 500.00

六、该公司有关账户全年的借贷方发生额

账户名称	借方	贷方
其他应收款	19 600.00	15 447.00
坏账准备——应收账款	5 420.29	5 572.00
存货跌价准备		3 820.00

(续上)

账 户 名 称	借 方	贷 方
待摊费用	27 000.00	24 480.00
持有至到期投资	301 275.00	290 000.00
其中：应计利息	1 275.00	1 000.00
固定资产	286 829.00	147 110.00
累计折旧	105 401.08	276 551.36
固定资产减值准备		1 672.00
累计摊销		20 880.00
长期待摊费用		12 120.00
短期借款	1 210 000.00	1 230 000.00
应付职工薪酬	1 166 766.09	1 168 492.50
应付股利	300 100.84	317 994.04
其他应付款	80 908.64	74 890.00

七、该公司 2010 年净利润和利润分配的有关资料

净利润为 400 134.45 元，年初未分配利润为 45 250.60 元，提取的法定盈余公积为 40 013.45元，提取的任意盈余公积为 32 010.76 元，应付股利为 300 100.84 元。

八、该公司部分总账账户有关明细账户全年的净发生额

1. "销售费用"有关明细账户全年的净发生额。

包装费	
其中：原材料账户转入	2 011.00
包装物账户转入	9 135.00
保险费(待摊费用账户转入)	19 680.00
保管费(原材料账户转入)	3 814.00
商品损耗	500.00
职工薪酬	985 632.50
折旧费	186 800.00
低值易耗品摊销	9 880.00
修理费	
其中：原材料账户转入	5 434.82
长期待摊费用账户转入	9 696.00
其他销售费用(原材料账户转入)	2 488.00

2. "管理费用"有关明细账户全年的净发生额。

职工薪酬	182 860.00
折旧费	61 200.00
无形资产摊销	20 880.00
低值易耗品摊销	4 770.00
修理费(原材料账户转入)	2 122.18
保险费(待摊费用账户转入)	4 800.00
税金	50 625.00
其他管理费用(原材料账户转入)	1 807.00

3. "财务费用"有关明细账户全年的净发生额。

  利息支出　　　　　　　　　　　　　　　　　　　　　58 086.00
  手续费　　　　　　　　　　　　　　　　　　　　　　9 630.83

4. "其他业务成本"有关明细账户全年的净发生额。

  折旧费　　　　　　　　　　　　　　　　　　　　　　28 551.36
  修理费（长期待摊费用账户转入）　　　　　　　　　　　2 424.00

5. "营业外收入"有关明细账户全年的净发生额。

  没收包装物押金收入现金　　　　　　　　　　　　　　3 420.00
  罚款收入现金　　　　　　　　　　　　　　　　　　　6 041.00
  固定资产出售净收入　　　　　　　　　　　　　　　　2 325.00

6. "营业外支出"有关明细账户全年的净发生额。

  存货非正常损失（含进项税额转出 340 元）　　　　　　2 340.00
  罚款支出现金　　　　　　　　　　　　　　　　　　　2 597.00
  捐赠支出现金　　　　　　　　　　　　　　　　　　　5 000.00
  报废固定资产净损失　　　　　　　　　　　　　　　　7 155.00

九、其他有关资料

1. 出售与报废清理的固定资产以现金支付清理费用 1 721.08 元，出售固定资产与报废固定资产的残料收入现金 38 600 元。

2. 年内增加的固定资产全部以现金支付。

3. 2009 年年末，所有者权益合计为 6 839 281.39 元，其中：实收资本 6 620 000 元，资本公积 123 805 元，盈余公积 50 225.79 元，未分配利润 45 250.60 元；2010 年所有者投入资本 180 000 元。

十、银行对账单

中国工商银行上海市分行静安支行对账单

第 4 页

2011年		凭证号数	摘要	借方	贷方	借或贷	余额
月	日			百十万千百十元角分	百十万千百十元角分		百十万千百十元角分
12	29		承上页	1 7 4 3 1 9 5 8	1 7 2 9 8 9 3 1 9	贷	4 2 5 2 2 8 5 2
	29	（略）	托收承付　支付货款	1 1 8 9 6 1 8 8		贷	3 0 6 2 6 6 6 4
	30		发放短期贷款		1 5 0 0 0 0 0 0		
			电汇　赔偿金		1 0 0 0 0 0	贷	4 5 7 2 6 6 6 4
	31		转支#237654　租金		1 2 0 0 0 0 0		
			电汇　代销商品款	2 1 9 3 7 5 0 0			
			结算手续费		1 0 2 0 0		
			现金解行		1 8 9 5 1 0 0 0		
			托收承付　收到账款		1 0 3 0 9 8 6 0	贷	5 4 2 3 9 8 2 4
12	31		本月合计	2 1 1 2 7 5 8 4 6	2 1 8 5 5 0 1 7 9	贷	5 4 2 3 9 8 2 4

银行对账单前 3 页中无未达账项，予以省略。

第四部分 经济业务及反映经济业务的原始凭证

一、该公司 2011 年 12 月份发生的经济业务

1. 1 日,上月 22 日从东莞雀巢公司购进的雀巢咖啡已验收入库。商场食品组转来收货单(入库联)#375208,列明雀巢咖啡 160 箱,每箱 360 元;每箱咖啡 10 瓶装,每瓶零售价 51 元。根据收货单(入库联)入账。

2. 1 日,收到开户银行转来湖南羽绒服厂的托收承付凭证付款通知联,金额 174 762 元,附来增值税专用发票和运费单据。增值税专用发票开列男羽绒服 250 件,每件 241.20 元;女羽绒服 400 件,每件 220.75 元;增值税额 25 262 元。运费单据开列运费 900 元,当即承付。根据托收承付凭证及所附增值税专用发票、运费单据和批发部转来的收货单(结单联)#198800 入账。

3. 1 日,根据受托代销合同受理海宁服装厂 400 件男皮夹克的代销业务,该皮夹克单价 750 元。合同规定每个月月末提交代销商品清单,并结算已售代销商品货款。根据批发部仓库转来的受托代销商品收货单入账,该代销商品作商品购销处理。

4. 2 日,商场从利华公司购进的商品,增值税专用发票上列明:力士洗发露 150 箱,每箱 279 元;力士沐浴露 100 箱,每箱 189 元;增值税额 10 327.50 元。商品已由商场百货组验收,力士洗发露每箱 12 瓶装,每瓶售价 32 元;力士沐浴露每箱 12 瓶装,每瓶售价 22 元,根据其转来的收货单(入库联)#375211 入账。

5. 2 日,填制银行汇票委托书,委托开户银行签发给深圳日化厂银行汇票 1 张,金额为 100 000 元。该厂账号为 180173221960,开户银行为中国工商银行(下称工行)深圳支行。银行受理后,将银行汇票及解讫通知交采购员周伟去深圳采购香水。根据银行汇票申请书回单入账。

6. 2 日,采购员周伟预支去深圳出差差旅费 1 500 元,以现金付讫。根据暂支单入账。

7. 3 日,签发现金支票#578621,金额 1 650 元,以补足其库存现金。根据现金支票存根入账。

8. 3 日,批发部开给黄浦商厦增值税专用发票#237751,开列男呢大衣 120 件,每件 315 元;女呢大衣 100 件,每件 285 元;女羽绒服 200 件,每件 240 元;增值税额 19 431 元。商品已发出,根据增值税专用发票(记账联)入账。

9. 4 日,根据本月 2 日利华公司开来专用发票上的金额 71 077.50 元,签发转账支票#632905 支付前欠账款。根据该公司的增值税专用发票、转账支票存根联和收货单(结算联)#375211 入账。

10. 4 日,商场服装组转来商品内部调拨单#07566,该单开列从服装批发部调入男羽绒服 150 件,购进单价 241.60 元,零售单价 355 元;女羽绒服 200 件,购进单价 221 元,零售单价 324

元。根据商品内部调拨单入账。

11. 5日，收到长宁商厦的转账支票#116227，账号为110112673525，开户银行为工行长宁支行，金额95 940元，系偿还前欠账款。当即填制进账单解存开户银行，根据进账单回单入账。

12. 5日，收到开户银行转来天津食品公司的托收承付凭证付款通知联，金额为71 326.50元。附来增值税专用发票和运费单据。增值税专用发票列明：康师傅方便面500箱，每箱34.50元；天津大麻花150箱，每箱288元；增值税额10 276.50元。运费发票列明：运费600元，当即承付。根据托收承付凭证、增值税专用发票、运费单据和商场食品组转来的收货单（结算联）#375212入账。

13. 5日，商场各柜组交来商品销售收入缴款单、现金及结算凭证汇总如下表所示。

柜　　组	销售收入	现金收入	信用卡签购单
服装组	40 750	35 990	4 760
百货组	36 810	33 570	3 240
食品组	34 940	31 940	3 000
合　　计	112 500	101 500	11 000

现金点收无误，填制解款单，将现金解存开户银行。信用卡签购单购物者均持有工商银行的银联卡，该卡结算的手续费率为9‰；根据该费率填制汇计单，并按汇计单上净计金额填制进账单；留下签购单存根联共5张，将另两联签购单连同汇计单、进账单一并解存开户银行，根据签购单存根联、汇计单收据联和进账单回单入账。

14. 5日，收到开户银行转来委托收款凭证付款通知联，金额127 600元；系上月签发并承兑给宁波服装厂的商业承兑汇票已到期，同意支付。根据委托收款凭证付款通知联入账。

15. 8日，批发部仓库转来收货单（入库联）#198801，开列上月30日从江西羽绒服厂购进的男羽绒服200件，每件241.50元；女羽绒服250件，每件220.80元；商品已验收入库。根据收货单（入库联）入账。

16. 8日，开户银行转来委托收款凭证收账通知，金额132 900元，系收回本公司托收的南京服装公司承兑的、已到兑付期的商业承兑汇票款。根据委托收款凭证收账通知入账。

17. 8日，批发部开给徐汇商厦增值税专用发票#237752，开列男呢夹克衫120件，每件195元；男牛仔裤900条，每条75元；女时装100套，每套225元；增值税额19 278元。商品已发出，收到对方签发并承兑的商业承兑汇票，该汇票兑付期为1个月。根据增值税专用发票记账联入账。

18. 8日，采购员周伟出差回来报销差旅费1 520元，以现金20元补足其预支不足款。根据差旅费报销单入账。

19. 8日，采购员周伟交来深圳日化厂增值税专用发票，发票开列香水100盒，每盒800元；增值税额13 600元。运费发票列明：香水运费300元，用本月2日签发的银行汇票支付，实际结算金额93 900元。根据增值税专用发票发票联、运费发票及商厦百货组转来的收货单（结算联）#375213入账。

20. 9日，签发转账支票#632906，支付飞马广告公司推销商品广告费780.20元。根据广告公司发票和转账支票存根入账。

21. 9日，批发部仓库转来收货单（入库联）#198800，该收货单开列本月1日从湖南羽绒服装厂购进的男羽绒服 250 件,每件 241.20 元;女羽绒服 400 件,每件 220.75 元。货已验收入库。根据收货单(入库联)入账。

22. 10 日,商场各柜组交来商品销售收入缴款单、现金及结算凭证汇总如下表所示。

柜　　组	销售收入	现金收入	信用卡签购单
服装组	44 100	38 980	5 120
百货组	39 560	35 900	3 660
食品组	40 740	34 520	6 220
合　　计	124 400	109 400	15 000

现金点收无误,填制解款单将现金解存银行;信用卡签购单购物者均持工商银行的银联卡。该卡结算的手续费率为 9‰,根据该费率,填制汇计单;按汇计单上净计金额填制进账单;留下签购单存根联共 6 张,将另两联签购单连同汇计单、进账单一并解存开户银行。根据签购单存根联、汇计单收据联和进账单回单入账。

23. 10 日,业务部门送来报账发票和单据 2 张,共计 758 元,其中:展销会展览费 660 元、市内交通费 98 元;总务部门送来报账发票和单据 3 张,共计 703.60 元,其中:助动车修理费 308 元、印制单证费 245.60 元、快递费 150 元,当即以现金补足其定额备用金。根据发票和单据入账。

24. 10 日,接到开户银行转来电子报税付款通知,缴纳企业所得税 14 250 元、增值税额 19 967.60 元、营业税 600 元、城市维护建设税 1 439.73 元和教育费附加 617.03 元。

25. 11 日,向安徽叉车厂购进叉车 1 辆,该叉车买价 81 000 元,增值税额 13 770 元,运输费 300 元;收到对方开来的增值税专用发票及运输费发票,当即填制电汇凭证,汇付全部款项。叉车已由仓库验收使用。根据增值税专用发票、运输发票和电汇凭证回单入账。

26. 11 日,银行转来昆明服装公司承付款项的收账通知联,金额为 126 769.60 元,系上月 29 日向该公司托收的款项。根据托收承付凭证收账通知联入账。

27. 12 日,收到开户银行转来厦门服装厂的托收承付凭证付款通知联,金额为 113 822 元,附来增值税专用发票和运费单据,增值税专用发票列明男牛仔裤 1 400 条,每条 69 元;增值税额 16 422 元。运费单据列明运费 800 元。当即承付全部款项,根据托收承付凭证及所附增值税专用发票、运费单据和批发部转来的收货单(结算联)#198802 入账。

28. 12 日,银行转来沈阳服装公司承付款项的收账通知联,金额为 115 198.20 元,系上月 30 日向该公司托收的款项。根据托收承付凭证收账通知联入账。

29. 12 日,本月 8 日从深圳日化厂购进的香水已验收入库。商场百货组转来收货单(入库联)#375213 列明香水 100 盒,每盒 800 元;每盒香水 10 瓶装,每瓶香水售价 111 元。根据收货单(入库联)入账。

30. 12 日,开户银行转来银行汇票多余款收账通知联,退还多余款 6 100 元,系本月 8 日以银行汇票支付采购深圳日化厂香水款后的余款。根据银行汇票多余款收账通知联入账。

31. 12 日,批发部开给长宁商厦增值税专用发票#237753,开列男羽绒服 160 件,每件 262.50 元;女牛仔裤 920 条,每条 67.50 元;增值税额 17 697 元。商品已发出,款项尚未收到。根据增值税专用发票记账联入账。

32. 15 日,根据本月份工资结算汇总表及工资结算表中实发金额栏 61 250.70 元,签发现金支票#578622,提取现金备发工资。根据现金支票存根入账。

33. 15日,以现金发放职工工资、奖金及津贴和补贴,根据工资结算汇总表及工资结算表入账。

34. 15日,商场各柜组交来商品销售收入缴款单、现金及结算凭证汇总如下表所示。

柜 组	销售收入	现金收入	信用卡签购单	转账支票
服装组	43 200	38 320	4 880	
百货组	42 736	35 670	3 310	3 756
食品组	40 860	32 140	3 210	5 510
合 计	126 796	106 130	11 400	9 266

现金点收无误,填制解款单,将现金解存开户银行;信用卡签购单购物者均持工商银行的银联卡,该卡结算的手续费率为9‰;根据该费率填制汇计单,并按汇计单上净计金额填制进账单;留下签购单存根联共6张,将另两联签购单连同汇计单一并解存银行;同时根据2张转账支票(出票人分别为沪江钢铁厂和安泰贸易公司;金额分别为3 756元和5 510元;账号分别为110152307846和110134565892;开户银行分别为工行宝山支行和工行黄浦支行)填制进账单,进账单连同转账支票一并解存银行。根据签购单存根联、汇计单收据联和进账单入账。

35. 16日,分配本月份发放的职工工资。

36. 16日,按本月份工资总额的14%、2%和1.5%分别计提职工福利费、工会经费和职工教育经费。

37. 16日,按本月份工资总额的7%、3%和2%分别计提住房公积金、养老保险费和失业保险费。

38. 16日,签发转账支票#632907,金额992元,系为昆明服装公司垫付运费,收款单位为上海货运公司。根据转账支票存根和运费发票复印件入账。

39. 17日,批发部开给昆明服装公司增值税专用发票#237754,开列男呢大衣150件,每件315元;女呢大衣120件,每件285元;女时装120套,每套225元;增值税额18 436.50元。上述款项连同16日垫付的运费992元填制托收承付凭证,一并向银行办妥托收手续。根据托收承付凭证回单联和增值税专用发票记账联入账。

40. 17日,上海服装厂开来的增值税专用发票,开列男呢大衣300件,每件289.50元;女呢大衣250件,每件262.20元;女时装425套,每套206元;增值税额40 791.50元。上述款项签发期限为1个月的商业承兑汇票付讫,根据增值税专用发票发票联、商业承兑汇票存根联和收货单结算联#198803入账。

41. 17日,收到黄浦商厦转账支票#278115,金额123 084元,系偿还前欠账款。该商厦账号为110134569183,开户银行为黄浦支行,当即填制进账单,并连同转账支票一并解存银行。根据进账单回单入账。

42. 18日,本月5日从天津食品公司购进的商品已验收入库,商场食品组转来收货单(入库联)#375212,开列康师傅方便面500箱,每箱34.50元;每箱方便面24袋装,每袋售价2元;天津大麻花150箱,每箱288元;每箱大麻花10盒装,每盒售价40元。根据收货单(入库联)入账。

43. 18日,收到开户银行转来委托收款凭证付款通知联,金额为159 611.40元,系上月签发并承兑给上海服装厂的商业承兑汇票,今已到期,同意支付该笔款项。根据委托收款凭证付款通知联入账。

44. 18日,签发转账支票#632908,将计提的工会经费划拨本公司工会。

45. 18日,签发转账支票#632909,将从职工工资中代扣的住房公积金和企业计提的住房公积金共计10 458元,一并划拨上海市公积金管理中心。

46. 19日,商场服装组转来内部调拨单#07567,该调拨单开列从服装批发部调入男呢大衣100件,购进单价289.80元,零售单价425元;男牛仔裤500条,购进单价69.10元,零售单价101元;女呢大衣150件,购进单价262.50元,零售单价385元。根据内部调拨单入账。

47. 19日,收到开户银行转来福建土产公司的托收承付凭证付款通知联,金额为136 373.16元,另附增值税专用发票和运费单据。增值税专用发票开列香菇1 400千克,每千克56.20元;桂圆680千克,每千克55.10元;增值税额19 745.16元。运费单据开列运费480元,上述款项当即承付。根据托收承付凭证、增值税专用发票、运费单据和商场食品组转来的收货单结算联#375214入账。

48. 19日,开户银行转来委托收款凭证收账通知联,金额为128 442.60元,该笔款项系收回本公司托收的徐汇商厦承兑的已到兑付期的商业承兑汇票票款。

49. 19日,批发部开给黄浦商厦增值税专用发票#237755,开列男皮夹克100件,每件840元;增值税额14 280元。商品已发出,款项尚未收到。同时,仓库转来受托代销商品出库单,列明男皮夹克购进单价为750元。根据增值税专用发票记账联和受托代销商品出库单记账联入账。

50. 20日,商场各柜组交来商品销售收入缴款单、现金及结算凭证汇总如下表所示。

柜 组	销售收入	现金收入	信用卡签购单	转账支票
服装组	48 540	39 120	5 080	4 340
百货组	40 160	36 390	3 770	
食品组	38 720	35 270	3 450	
合 计	127 420	110 780	12 300	4 340

现金点收无误,填制解款单,将现金解存银行;信用卡签购单购货者均持工商银行的银联卡,该卡结算的手续费率为9‰;根据该手续费率填制汇计单,并按汇计单上净计金额填制进账单;留下签购单存根联共6张,将另两联签购单连同汇计单一并解存开户银行;同时根据转账支票(出票人为光大有限公司,金额为4 340元,账号为110152341782,开户银行为工行徐汇支行)填制进账单,进账单连同转账支票一并解存开户银行。根据签购单存根联、汇计单收据联和进账单回单入账。

51. 22日,按本月份工资总额的12%计提医疗保险费。

52. 22日,签发转账支票#632910,将从职工工资中代扣的养老保险费、医疗保险费和失业保险费分别为5 976元、1 494元、747元,企业计提的养老保险费、医疗保险费和失业保险费的合计金额12 699元一并划拨上海市社会保险事业基金结算管理中心。

53. 22日,职工周伟报销家属医药费360.50元,陈红申请困难补助150元,出纳以现金付讫。根据医药费报销单和生活困难补助申请单入账。

54. 22日,签发转账支票#632911,金额27 000元,预付明年财产保险费,根据保单和转账支票存根入账。

55. 22日,填制流动资金贷款还款凭证,归还开户银行今日到期的短期借款120 000元。根据流动资金贷款凭证回单联入账。

56. 22日,签发现金支票#578623,提取现金1 992.10元,以补足其备用金。根据现金支票存根入账。

57. 22日,签发转账支票#632912,金额986元,系为沈阳服装公司垫付运费。收款单位为上海货运公司。根据转账支票存根和运费发票复印件入账。

58. 22日,批发部开给沈阳服装公司增值税专用发票#237756,开列男羽绒服200件,每件262.50元;女羽绒服150件,每件240元;女牛仔裤500条,每条67.50元;增值税额20 782.50元。根据上述款项连同垫付的运费986元,填制托收承付凭证,向银行办妥托收手续。根据托收承付凭证回单联和增值税专用发票记账联入账。

59. 22日,批发部仓库转来收货单入库联#198802,该收货单列明,本月12日从厦门服装厂购进的男牛仔裤1 400条,每条69元,货已验收入库。根据收货单入库联入账。

60. 23日,上海木材公司开来增值税专用发票。增值税专用发票上开列三夹板50张,每张42元;货款2 100元;增值税额357元;并收到三夹板运费发票,金额为50元。上述款项一并签发转账支票#632913支付。三夹板作为日常维修材料由仓库验收入库,仓库已转来收料单#01511。根据增值税专用发票发票联、运费发票、转账支票存根和收料单入账。

61. 23日,收到开户银行转来厦门服装厂的托收承付凭证付款通知联,金额为274 131.20元,并附增值税专用发票和运费单据。增值税专用发票开列男牛仔裤1 600条,每条68.60元;女牛仔裤2 000条,每条61.80元;增值税额39 671.20元。运费单据开列运费1 100元。上述款项当即承付。根据托收承付凭证及所附增值税专用发票发票联、运费单据和批发部转来的收货单结算联#198804入账。

62. 23日,收到长宁商厦的转账支票#116251,其金额为120 182.40元,账号为110112673525,开户银行为工行长宁支行;收到黄浦商厦转账支票#278124,金额为127 097.10元,账号为110134569183,开户银行为工行黄浦支行,2张支票均系偿还前欠账款,当即填制进账单,进账单连同转账支票一并解存银行,根据进账单回单入账。

63. 23日,精艺公司开来增值税专用发票,开列货柜2只,每只480元,计货款960元;增值税额163.20元。并收到货柜运费发票,金额60元。上述款项一并签发转账支票#632914支付。货柜由仓库验收入库,仓库已转来收料单#01512。根据增值税专用发票发票联、运费发票、转账支票存根和收料单入账。

64. 24日,仓库转来商场百货柜领用昨日购进的2只货柜的领料单,每只507.90元,按五五摊销法摊销。根据领料单入账。

65. 24日,批发部仓库转来收货单入库联#198803,列明本月17日从上海服装厂购进的男呢大衣300件,每件289.50元;女呢大衣250件,每件262.20元;女时装425套,每套206元。货已验收入库。根据收货单#198804入账。

66. 24日,批发部开给南京服装公司增值税专用发票#237757,增值税专用发票开列男呢夹克衫150件,每件195元;男牛仔裤720条,每条75元;女时装160套,每套225元;增值税额20 272.50元。收到对方兑付期限为1个月的商业承兑汇票,金额为139 522.50元。商品已由对方提走。根据增值税专用发票记账联入账。

67. 24日,宁波服装厂开来增值税专用发票,开列男呢夹克衫300件,每件178.90元;女时装500套,每套206元;增值税额26 633.90元;运费单据580元。对于全部款项183 883.90元,签发期限为1个月的商业承兑汇票付讫。根据增值税专用发票发票联、运费单据、商业承兑汇票存根联和批发部转来的收货单结算联#198805入账。

68. 25日,本月19日从福建土产公司购进的商品已验收入库。商场食品组转来收货单入库联#375214,列明入库香菇1 398千克,每千克进价56.20元,售价80元;桂圆680千克,每千克进价55.10元,售价78元;并转来商品购进短缺溢余报告单,列明短缺香菇2千克,原因待查。根据收货单入库联#375214、商品购进短缺溢余报告单记账联入账。

69. 25日,开户银行转来上海市电力公司的专用托收凭证,金额3 159元,并附增值税专用发票。增值税专用发票开列用电量5 000千瓦时,单价0.54元,金额2 700元;增值税额459元;电表显示:营业部门耗电3 600千瓦时,仓库耗电600千瓦时,行政管理部门耗电800千瓦时。根据专用托收凭证和增值税专用发票发票联入账。

70. 25日,开户银行转来上海市自来水公司的专用托收凭证,金额420.36元,并附增值税专用发票。增值税专用发票开列供水150立方米,单价2.48元,金额372元;增值税额48.36元。根据专用托收凭证和增值税专用发票发票联入账。

71. 25日,商场各柜组交来商品销售收入缴款单、现金及结算凭证汇总如下表所示。

柜　　组	销售收入	现金收入	信用卡签购单	转账支票
服装组	51 750	42 760	5 320	3 670
百货组	45 430	37 880	4 190	3 360
食品组	47 680	38 920	4 770	3 990
合　计	144 860	119 560	14 280	11 020

现金点收无误,填制解款单,将现金解存银行;信用卡签购单购货者均持工商银行的银联卡,该卡结算的手续费率为9‰;根据该手续费率填制汇计单,并按汇计单上净计金额填制进账单;留下签购单存根联共6张,将另两联签购单连同汇计单一并解存开户银行,同时根据3张转账支票(出票人分别为华新公司、广安公司和华声公司,金额分别为3 670元、3 360元和3 990元;账号分别为110134569326、110130805769和110152306374;开户银行分别为工行黄浦支行、工行闸北支行和工行宝山支行)填制进账单,进账单连同转账支票一并解存开户银行。根据签购单存根联、汇计单收据联和进账单回单入账。

72. 26日,收到开户银行转来委托收款凭证付款通知联,金额为149 221.80元,上月签发并承兑给宁波服装厂的商业承兑汇票,今已到期,同意支付该笔款项。根据委托收款凭证付款通知联入账。

73. 26日,开户银行转来上海市电信有限公司的专用托收凭证,金额556元,并附发票。发票开列市话月租费35元,区内通话费275元,国内通话费246元。根据专用托收凭证和发票入账。

74. 26日,开户银行转来该行的计付利息清单付款通知联,开列应付短期借款利息17 550元,查前2个月预提短期借款利息11 730元。根据计付利息清单入账。

75. 26日,开户银行转来该行的计收利息清单收款通知联,该通知联开列应收银行存款利息1 248元。查前两个月已预提银行存款利息801元。根据计收利息清单入账。

76. 26日,银行转来昆明服装公司托收承付结算部分拒绝付款理由书收账通知联,该通知联列明:收到货款、增值税额及代垫运费116 822元;拒付30件男呢大衣的货款9 450元,增值税额1 606.50元,拒付理由是质量不符要求。经联系,同意作退货处理,男呢大衣30件已退回,由批发部仓库验收入库,当即用红字填制增值税专用发票#237758,将其寄给昆明服装公司,以完成退货手续。同时收到运费发票,金额为50元,系退回商品的运费,当即填制电汇凭证,汇付对方。根据拒绝付款理由书收账通知联、增值税专用发票记账联、电汇凭证回单和运费单据入账。

77. 26日,预计本月份实现利润50 000元,所得税税率为25%。接到开户银行转来电子报税付款通知,预交本月份所得税12 500元。

78. 29日,对于退回的质量不符要求的30件男呢大衣,经与供货方上海服装厂联系后,该厂同意退货。该厂开来的红字增值税专用发票,开列男呢大衣30件,每件289.80元,货款8 694元;增值税额1 477.98元。商品已退还对方,收到批发部仓库转来进货退出单出库联#01711。根据专用发票联和进货退出单入账。

79. 29日,商场转来商品盘点短缺溢余报告单,百货组盘缺商品56.60元。上月该柜组差价率为26.68%,食品组盘盈商品78.80元,上月该柜组差价率为28.10%,原因分别为销货差错和自然升溢。根据商品盘点短缺溢余报告单记账联入账。

80. 29日,今查明25日购进香菇短缺2千克系自然损耗,经领导批准予以核销转账。根据商品购进短缺溢余报告单核销联入账。

81. 29日,收到开户银行转来江西羽绒服厂的托收承付凭证付款通知联,金额为118 961.88元,附来增值税专用发票和运费单据。增值税专用发票开列男羽绒服200件,每件241.10元;女羽绒服240件,每件220.60元;增值税额17 197.88元。运费发票列明运费600元。上述款项当即承付。根据托收承付凭证及所付的增值税专用发票发票联、运费发票和批发部转来的收货单结算联#198806入账。

82. 30日,29日百货组盘缺的商品经领导批准,作为企业损失处理;食品组盘盈的商品经领导批准,予以核销转账。根据商品盘点短缺溢余报告单核销联入账。

83. 30日,批发部仓库转来收货单入库联#198804,列明本月23日从厦门服装厂购进的男牛仔裤1 600条,每条68.60元;女牛仔裤2 000条,每条61.80元。货已验收入库。根据收货单入账。

84. 30日,总务部门转来低值易耗品报废申请单#0132,列明报废办公桌1只,账面原值510元,已摊销了255元;残料估价15元,已验收入库。仓库已转来收料单#01512,根据低值易耗品报废申请单和收料单入账。

85. 30日,与开户银行签订了金额为150 000元、期限为3个月的借款合同。收到银行转来收账通知,据以入账。

86. 30日,批发部开给长宁商厦增值税专用发票#237759,开列男皮夹克150件,每件840元;增值税额21 420元。商品已发出,款项尚未收到;同时仓库转来受托代销商品出库单,列明男皮夹克购进单价为750元。根据增值税专用发票记账联和受托代销商品出库单记账联入账。

87. 30日,经营部转来发票#685322,开列本月份出租给苏堤公司商场营业场地租金12 000元,当即收到转账支票#237654,该公司账号为110108216735,开户银行为工行静安支行。根据转账支票填制进账单,将其连同转账支票一并解存银行。根据发票记账联和进账单回单入账。

88. 30日,商场从利华公司购进商品,增值税专用发票上列明力士洗发露200箱,每箱278元;力士沐浴露150箱,每箱188元;力士香皂200箱,每箱88元;增值税额17 238元。商品已由商场百货组验收,力士洗发露每箱12瓶装,每瓶售价32元,力士沐浴露每箱12瓶装,每瓶售价

22元;力士香皂每箱60块装,每块售价2.10元。根据其转来的收货单入库联#375215入账。

89. 30日,批发部转来商品可变现净值低于成本报告单,列明30套女时装因式样陈旧需降价销售,其成本单价为207元,可变现净值单价为160元,计减值金额为1 410元,根据商品可变现净值低于成本报告单入账。

90. 30日,以现金75元向税务局购买印花税票,粘贴在经济合同和账簿上。根据取回的印花税销售凭证入账。

91. 30日,仓库转来固定资产报废申请单#016,列明报废叉车1辆,原值49 600元;已提折旧45 200元;根据固定资产报废申请单入账。

92. 31日,商场各柜组交来商品销售收入缴款单、现金及结算凭证汇总如下表所示。

柜 组	销售收入	现金收入	信用卡签购单	转账支票
服装组	67 980	51 210	7 860	8 910
百货组	89 360	72 900	6 710	9 750
食品组	78 650	65 400	5 590	7 660
合 计	235 990	189 510	20 160	26 320

现金点收无误,填制解款单将现金解存银行;信用卡签购单购货者均持工商银行的银联卡,该卡结算的手续费率为9‰;根据该手续费率填制汇计单,并按汇计单上净计金额填制进账单;留下签购单存根联,将另两联签购单连同汇计单一并解存开户银行;同时根据3张转账支票(出票人分别为大隆公司、浦南公司和泰兴公司,金额分别为8 910元、9 750元和7 660元;账号分别为110143165316、110123451206和110112679081;开户银行分别为工行虹口支行、工行普陀支行和工行长宁支行)填制进账单,连同转账支票一并解存开户银行。根据签购单存根联、汇计单收据联和进账单回单入账。

93. 31日,出售报废叉车给江夏公司,收到其签发的转账支票#564920,金额为2 980元,账号为110152347008,开户银行为工行徐汇支行,系对方支付叉车残值款,填制进账单,将转账支票解存银行;叉车也已清理完毕。根据固定资产清理结果报告单入账。

94. 31日,安凯公司还来本公司出借的塑料周转箱200只,周转箱已验收入库。仓库转来出借包装物入库单#0378,签发转账支票#632915,金额为6 000元;退还安凯公司包装物的押金,塑料周转箱采用一次摊销法。根据出借包装物入库单和转账支票存根入账。

95. 31日,总务部门转来耗用原材料汇总表,共计金额1 354.10元,据以入账。

96. 31日,应收长风商店账款2 560元,因该店已破产而无法收回,经批准作坏账损失处理。根据坏账损失报告单入账。

97. 31日,将本月份销售受托代销的男皮夹克250件通知海宁服装厂,海宁服装厂开来增值税专用发票,开列男皮夹克250件,每件750元;增值税额31 875元;当即填制电汇凭证将款项全部汇付对方。根据增值税专用发票和电汇凭证回单入账。

98. 31日,批发部的商品,采用加权平均法计算商品销售成本,根据计算的结果编制商品销售成本汇总表,并根据该表结转商品销售成本。

99. 31日,用分柜组差价率法编制已销商品进销差价计算表,据以结转本月份商场已销商品进销差价。

100. 31日,编制零售商品的销售收入调整表,并据以调整本月份零售商品销售收入。

101. 31日,批发部按成本价调拨给商场服装组的商品,按该组商品销售成本的6%确认收益。编制批零商品内部调拨收益计算表,将这一收益按当月调拨给商场男装类商品金额和女装类商品金额的比例进行分配,并根据该表入账(提示:借记"主营业务成本——服装组"账户;贷记"主营业务成本——男装类"、"主营业务成本——女装类"账户)。

102. 31日,开户银行转来支付结算手续费的收据,开列结算手续费102元,其中:银行汇票1笔5元,电汇3笔36元,托收承付2笔36元,委托收款2笔25元。根据付款通知入账。

103. 31日,开户银行转来电汇收账通知,金额1 000元,系昆山服装厂付来因未能按经济合同供货的赔偿金。根据电汇收账通知和收据记账联入账。

104. 31日,摊销应由本月份负担的财产保险费2 040元,其中:业务部门负担1 640元,行政管理部门负担400元。

105. 31日,百乐门饭店开来发票,金额1 288.60元,系本公司招待客户费用,签发转账支票#632916支付。根据发票和支票存根入账。

106. 31日,浦江咨询公司开来发票,金额319.38元,系商务咨询费。当即签发转账支票#632917支付,根据发票和支票存根入账。

107. 31日,上月30日购进国债300 000元,准备持有至到期,该债券期限3年,年利率为5.1%,到期一次还本付息,预计该债券本年利息并入账。

108. 31日,用平均年限法分类计提本月份固定资产折旧。本月初固定资产的有关资料见下表。营业厅和营业设备有20%出租给苏堤公司。根据上述资料,编制固定资产折旧计算表,并据以入账。

固定资产类别	原 值(元)	使用寿命(年)	净残值率(%)
房屋及建筑物	4 686 900		
其中:营业厅	3 493 000	40	4
办公室	637 000	32	4
仓库	556 900	30	4
营业设备	613 800	10	4
运输装卸设备	394 500	8	5
管理设备	267 600	6	4

109. 31日,摊销应由本月份负担的土地使用权费用1 740元。

110. 31日,摊销已列入长期待摊费用账户的应由本月份负担的营业厅装修费1 010元,其中出租商场业务应负担20%。

111. 31日,本公司拥有房产原值4 686 900元,允许减除25%计税,房产税年税率为1.2%;占用土地面积600平方米,每平方米年税额为12元。分别计提本月份应交的房产税和城镇土地使用税。

112. 31日,经批准,本公司将120 000元资本公积转增资本。

113. 31日,根据5‰坏账准备率计提本月份坏账准备。

114. 31日,本公司有电脑4台,每台原值8 000元,已提折旧3 082元。现由于市价持续下跌,每台可收回金额仅为4 500元,计提其减值准备。

115. 31日,计算本月份应交增值税,将其转入未交增值税。

116. 31日,按出租商场租金收入的5%计提营业税。

117. 31日,根据本月份应交增值税、营业税,按7%税率计提应交城市维护建设税,按3%附加费计提率计提教育费附加。

118. 31日,将本月末"在途物资"明细账户的贷方余额结转"应付账款"账户。

119. 31日,将损益类账户余额结转"本年利润"账户。

120. 31日,年终汇算确认本期所得税费用。该公司1~11月共实现利润总额582 000元,已提所得税额145 500元,发生业务招待费14 711.40元,非广告性赞助支出750元;1~11月取得的投资收益14 120元均为国债利息收入,1~11月在资产减值损失中,有坏账损失1 999.41元,存货跌价损失2 110元。计提本月份应交所得税额,并将所得税费用结转"本年利润"账户。

121. 31日,按全年净利润的10%计提法定盈余公积;8%计提任意盈余公积;75%计提应分配给投资者的利润。

122. 31日,将"本年利润"账户余额和"利润分配"各明细账户余额结转"利润分配——未分配利润"账户。

二、反映经济业务的原始凭证

第 1 笔经济业务

收 货 单

编号：375208

收货部门：食品组　　　　2011 年 12 月 1 日　　　供货单位：东莞雀巢公司

商品名称	购 进 价 格				零 售 价 格				进销差价
	单位	数量	单价	金额	单位	数量	单价	金额	
雀巢咖啡	箱	160	360.00	57 600.00	瓶	1 600	51.00	81 600.00	24 000.00
合 计				57 600.00				81 600.00	24 000.00

入库联

收货人：张 丽

第 2 笔经济业务

托 收 凭 证（付款通知）　　　5

委托日期 2011 年 11 月 26 日　　　付款期限 2011 年 12 月 1 日

业务类型	委托收款（□邮划 □电划）　托收承付（□邮划 ☑电划）											
付款人	全 称	静安商贸有限公司			收款人	全 称	湖南羽绒服厂					
	账 号	110108213780				账 号	210583215678					
	开户银行	工行静安支行				开户银行	工行常德支行					
金额	人民币（大写）	壹拾柒万肆仟柒佰陆拾贰元整					亿 千 百 十 万 千 百 十 元 角 分					
							¥　　　1 7 4 7 6 2 0 0					
款项名称	货款及运费		托收凭证名称	托收承付			附寄单证张数		2			
商品发运情况					合同名称号码							
备注：付款人开户银行收到日期　2011 年 12 月 1 日　复核　记账			付款人开户银行签章： 中国工商银行上海市分行 静安支行 2011.12.1				付款人注意：					

此联付款人开户行凭已作付款人按期付款通知

公路、内河货物运输业统一发票

编号：312751

发 票 联

开票日期：2011 年 11 月 26 日

收货人及纳税人识别号	静安商贸有限公司 310110125076144	承运人及纳税人识别号	湖南运输公司
发货人及纳税人识别号	湖南羽绒服厂（略）	主管税务机关及代码	（略）
运输项目及金额	运费 900.00	其他项目及金额	
运费小计	￥900.00	其他费用小计（小写）	
合计（大写）人民币	玖佰元整		

运输单位盖章：湖南运输公司发票专用章

开票人：汪敏华

第一联 发票联

湖南省增值税专用发票

编号：254001

发 票 联

开票日期：2011 年 11 月 26 日

购货单位	名　　称：静安商贸有限公司	密码区	（略）
	纳税人识别号：310110125076144		
	地　　址：静安区南京西路1025号		
	电　　话：63557788		
	开户行及账号：工行静安支行 110108213780		

货物或应税劳务名称	规格型号	单位	数量	单　价	金　额	税率	税　额
男羽绒服		件	250	241.20	60 300.00	17%	10 251.00
女羽绒服		件	400	220.75	88 300.00	17%	15 011.00
合　　计					￥148 600.00		￥25 262.00

价税合计（大写）　壹拾柒万叁仟捌佰陆拾贰元整　　（小写）￥173 862.00

销货单位	名　　称：湖南羽绒服厂	备注	
	纳税人识别号：（略）		
	地　　址：（略）		
	电　　话：（略）		
	开户行及账号：工行常德支行 210583215678		

收款人：　　复核：牛国强　　开票人：薛峰　　销货单位盖章：湖南羽绒服厂发票专用章

第二联 发票联 购货方记账凭证

收 货 单

编号：198800

供货单位：湖南羽绒服厂　　　2011年12月1日　　　存放地点：批发部仓库

货号	品名	规格	单位	应收数量	实收数量	单价	金额
（略）	男羽绒服		件	250	250	241.20	60 300.00
	女羽绒服		件	400	400	220.75	88 300.00
合计							148 600.00

商品类别：服装类

结算联

收货人：王　刚

第3笔经济业务

委托代销商品收货单

编号：053211

供货单位：海宁服装厂　　　2011年12月1日　　　存放地点：批发部仓库

货号	品名	规格	单位	应收数量	实收数量	单价	金额
	男皮夹克	中号	件	400	400	750.00	300 000.00
合计							￥300 000.00

商品类别：男服类

入库联

收货人：杨　洁

第4笔经济业务

收 货 单

编号：375211

收货部门：百货组　　　2011年12月2日　　　供货单位：利华公司

商品名称	购进价格				零售价格				进销差价
	单位	数量	单价	金额	单位	数量	单价	金额	
力士洗发露	箱	150	279.00	41 850.00	瓶	1 800	32.00	57 600.00	15 750.00
力士沐浴露	箱	100	189.00	18 900.00	瓶	1 200	22.00	26 400.00	7 500.00
合计				60 750.00				84 000.00	23 250.00

入库联

收货人：孙红梅

第5笔经济业务 填制银行汇票委托书,见三、"发生的经济业务需要会计填制的原始凭证和票据"。

第6笔经济业务

暂 支 单

编号：00621

2011 年 12 月 2 日

受款人	周 伟								
暂支理由	赴深圳采购商品差旅费								
暂支金额	人民币壹仟伍佰元整								
预计归还日期	2011 年 12 月 8 日								
会计主管		记账		出纳	苏 玲	部门主管	杨丽芳	申请人	周 伟	受款人（签收人）	周 伟

第7笔经济业务 签发现金支票,见三、"发生的经济业务需要会计填制的原始凭证和票据"。

第8笔经济业务

上海市增值税专用发票

编号：237751

记 账 联

开票日期：2011 年 12 月 3 日

购货单位	名　　　称：黄浦商厦 纳税人识别号：(略) 地　　　址：(略) 电　　　话：(略) 开户行及账号：工行黄浦支行 110134569183				密码区	(略)		
货物或应税劳务名称	规格型号	单位	数量	单　价	金　额	税率	税　额	
男呢大衣		件	120	315.00	37 800.00	17%	6 426.00	
女呢大衣		件	100	285.00	28 500.00	17%	4 845.00	
女羽绒服		件	200	240.00	48 000.00	17%	8 160.00	
合　　计					¥114 300.00		¥19 431.00	
价税合计(大写)	壹拾叁万叁仟柒佰叁拾壹元整				(小写)¥133 731.00			
销货单位	名　　　称：静安商贸有限公司 纳税人识别号：310110125076144 地　　　址：南京西路1025号 电　　　话：63557788 开户行及账号：工行静安支行 110108213780				备注			

收款人：　　复核：江海平　　开票人：陈 红　　销货单位盖章　【静安商贸有限公司 发票专用章】

第9笔经济业务

上海市增值税专用发票

编号：925406

发 票 联

开票日期：2011年12月2日

购货单位	名　　　称：静安商贸有限公司 纳税人识别号：310110125076144 地　　　址：南京西路1025号 电　　　话：63557788 开户行及账号：工行静安支行 110108213780	密码区	（略）

货物或应税劳务名称	规格型号	单位	数量	单　价	金　额	税率	税　额
力士洗发露		箱	150	279.00	41 850.00	17%	7 114.50
力士沐浴露		箱	100	189.00	18 900.00	17%	3 213.00
合　计					￥60 750.00		￥10 327.50

价税合计（大写）	柒万壹仟零柒拾柒元伍角整	（小写）￥71 077.50

销货单位	名　　　称：利华公司 纳税人识别号：（略） 地　　　址：（略） 电　　　话：（略） 开户行及账号：工行闸北支行 110130802254	备注	

收款人：　　　复核：蔡明敏　　开票人：张　红　　　销货单位盖章：利华公司发票专用章

第二联　发票联　购货方记账凭证

签发转账支票，见三、"发生的经济业务需要会计填制的原始凭证和票据"。

收 货 单

编号：375211

收货部门：百货组　　　　　　　2011年12月2日　　　　　　　供货单位：利华公司

商品名称	购进价格				零售价格				进销差价
	单位	数量	单价	金额	单位	数量	单价	金额	
力士洗发露	箱	150	279.00	41 850.00	瓶	1 800	32.00	57 600.00	15 750.00
力士沐浴露	箱	100	189.00	18 900.00	瓶	1 200	22.00	26 400.00	7 500.00
合　计				60 750.00				84 000.00	23 250.00

结算联

收货人：孙红梅

第10笔经济业务

商品内部调拨单

编号：07566

调入部门：服装组　　　　　2011年12月4日　　　　　调出部门：服装批发部

品　名	规　格	计量单位	数量	零售价格		购进价格		商品进销差价
				单　价	金　额	单　价	金　额	
男羽绒服		件	150	355.00	53 250.00	241.60	36 240.00	17 010.00
女羽绒服		件	200	324.00	64 800.00	221.00	44 200.00	20 600.00
合　计					118 050.00		80 440.00	37 610.00

调入部门签章：商场服装组　　　调出部门签章：服装批发部　　　制单人：李志刚

第11笔经济业务　　填制进账单，见三、"发生的经济业务需要会计填制的原始凭证和票据"。
第12笔经济业务

托收凭证（付款通知）　　5

委托日期 2011 年 12 月 2 日　　　付款期限 2011 年 12 月 5 日

业务类型	委托收款（□邮划 □电划）　　托收承付（□邮划 ☑电划）													
付款人	全　称	静安商贸有限公司		收款人	全　称	天津食品公司								
	账　号	110108213780			账　号	170124307681								
	开户银行	工行静安支行			开户银行	工行天津支行								
金额	人民币（大写）　柒万壹仟叁佰贰拾陆元伍角整					亿	千	百	十	万	千	百	十	元	角	分
										¥	7	1	3	2	6	5	0
款项名称	货款及运费		托收凭证名称	托收承付		附寄单证张数		2						
商品发运情况				合同名称号码										
备注：付款人开户银行收到日期　2011 年 12 月 5 日　　复核　　记账		付款人开户银行签章：中国工商银行上海市分行静安支行 2011.12.5			付款人注意									

此联付款人开户行凭已作付款人按期付款通知

收 货 单

编号：375212

收货部门：食品组　　　　2011年12月5日　　　　供货单位：天津食品公司

商品名称	购进价格				零售价格				进销差价
	单位	数量	单价	金额	单位	数量	单价	金额	
康师傅方便面	箱	500	34.50	17 250.00	袋	12 000	2.00	24 000.00	6 750.00
天津大麻花	箱	150	288.00	43 200.00	盒	1 500	40.00	60 000.00	16 800.00
合　计				60 450.00				84 000.00	23 550.00

结算联

收货人：张　丽

天津市增值税专用发票

发 票 联

编号：540162

开票日期：2011 年 12 月 2 日

购货单位	名　　称：静安商贸有限公司				密码区		（略）		
	纳税人识别号：310110125076144								
	地　　址：南京西路1025号								
	电　　话：63557788								
	开户行及账号：工行静安支行　110108213780								

货物或应税劳务名称	规格型号	单位	数量	单价	金额	税率	税额
康师傅方便面		箱	500	34.50	17 250.00	17%	2 932.50
天津大麻花		箱	150	288.00	43 200.00	17%	7 344.00
合　计					￥60 450.00		￥10 276.50
价税合计（大写）	柒万零柒佰贰拾陆元伍角整					（小写）￥70 726.50	

销货单位	名　　称：天津食品公司	备注
	纳税人识别号：（略）	
	地　　址：（略）	
	电　　话：（略）	
	开户行及账号：工行天津支行　170124307681	

第二联　发票联　购货方记账凭证

收款人：　　复核：王友明　　开票人：臧丽萍　　销货单位盖章：天津食品公司发票专用章

公路、内河货物运输业统一发票

编号：536718

发 票 联

开票日期：2011 年 12 月 2 日

收货人及纳税人识别号	静安商贸有限公司 310110125076144	承运人及纳税人识别号	天津运输公司（略）
发货人及纳税人识别号	天津食品公司（略）	主管税务机关及代码	（略）
运输项目及金额	运费 600.00	其他项目及金额	
运费小计 ¥600.00		其他费用小计（小写）	
合计（大写）人民币 陆佰元整			

运输单位盖章：天津运输公司 发票专用章

开票人：王 华

第一联 发票联

第13笔经济业务

商品销售收入缴款单

缴款部门：服装组　　　　2011 年 12 月 5 日

货款种类	张 数	金　额	货款种类	张 数	金　额
现金		35 990.00	信用卡签购单		4 760.00
其中：票面100元	341	34 100.00	转账支票		
票面 50元	30	1 500.00	银行本票		
票面 20元	12	240.00	银行汇票		
票面 10元	9	90.00			
票面 5元	7	35.00			
票面 2元	10	20.00			
票面 1元	5	5.00			
角票					
分币					

缴款金额人民币（大写）肆万零柒佰伍拾元整

收款人：周 燕　　　　　　　　　　　　　　　缴款人：王 伟

商品销售收入缴款单

缴款部门：百货组　　　　　2011年12月5日

货款种类	张 数	金 额	货款种类	张 数	金 额
现金		33 570.00	信用卡签购单		3 240.00
其中：票面100元	318	31 800.00	转账支票		
票面 50元	25	1 250.00	银行本票		
票面 20元	15	300.00	银行汇票		
票面 10元	14	140.00			
票面 5元	10	50.00			
票面 2元	8	16.00			
票面 1元	14	14.00			
角票					
分币					

缴款金额人民币(大写) 叁万陆仟捌佰壹拾元整

收款人：周 燕　　　　　　　　　　　　　　缴款人：刘 琪

商品销售收入缴款单

缴款部门：食品组　　　　　2011年12月5日

货款种类	张 数	金 额	货款种类	张 数	金 额
现金		31 940.00	信用卡签购单		3 000.00
其中：票面100元	304	30 400.00	转账支票		
票面 50元	20	1 000.00	银行本票		
票面 20元	14	280.00	银行汇票		
票面 10元	16	160.00			
票面 5元	10	50.00			
票面 2元	12	24.00			
票面 1元	26	26.00			
角票					
分币					

缴款金额人民币(大写) 叁万肆仟玖佰肆拾元整

收款人：周 燕　　　　　　　　　　　　　　缴款人：叶新天

第四部分 经济业务及反映经济业务的原始凭证

Union Pay 银联 签购单

商户存根

特约商户名称：静安商贸有限公司
POS号：000612
终端机号：20759003
特约商户编号：102290053110594

卡别/卡号
　　5309 1308 0513 8151（工行）
交易类型：消费　有效期：12/09
批次号码 000914　查询号：5265
时间/日期 11/12/05
序号：100203475　授权号：8895
金额：￥2 550.00

（同意支付上述款项）

（持卡人签字）
朱峰

Union Pay 银联 签购单

商户存根

特约商户名称：静安商贸有限公司
POS号：000613
终端机号：20759003
特约商户编号：102290053110594

卡别/卡号
　　8225 8821 0328 8520（工行）
交易类型：消费　有效期：12/09
批次号码 00824　查询号：32676
时间/日期 11/12/05
序号：100203477　授权号：78654
金额：￥1 859.00

（同意支付上述款项）

（持卡人签字）
杨洁丽

Union Pay 银联 签购单

商户存根

特约商户名称：静安商贸有限公司
POS号：000614
终端机号：20759003
特约商户编号：102290053110594

卡别/卡号
　　6558 8010 0115 5876（工行）
交易类型：消费　有效期：12/09
批次号码 00996　查询号：84259
时间/日期 11/12/05
序号：100203478　授权号：74324
金额：￥3 000.00

（同意支付上述款项）

（持卡人签字）
苏涛

Union Pay 银联 签购单

商户存根

特约商户名称：静安商贸有限公司
POS号：000612
终端机号：20759003
特约商户编号：102290053110594

卡别/卡号
　　5732 6329 7086 1174（工行）
交易类型：消费　有效期：12/09
批次号码 000915　查询号：6601
时间/日期 11/12/05
序号：100203476　授权号：9762
金额：￥2 210.00

（同意支付上述款项）

（持卡人签字）
王国强

Union Pay 银联 签购单

商户存根

特约商户名称：静安商贸有限公司
POS号：000613
终端机号：20759003
特约商户编号：102290053110594

卡别/卡号
　　2908 3674 1080 5327（工行）
交易类型：消费　有效期：12/03
批次号码 00824　查询号：32789
时间/日期 11/12/05
序号：100203479　授权号：79201
金额：￥1 381.00

（同意支付上述款项）

（持卡人签字）
周大松

填制解款单、汇计单和进账单见三、"需要填制的原始凭证和票据"。

第14笔经济业务

托收凭证（付款通知）　5

委托日期 2011 年 12 月 3 日　　付款期限 2011 年 12 月 5 日

业务类型	委托收款（□邮划 ☑电划）　托收承付（□邮划 □电划）			
付款人	全称	静安商贸有限公司	收款人 全称	宁波服装厂
	账号	110108213780	账号	120250768125
	开户银行	工行静安支行	开户银行	工行宁波支行
金额	人民币（大写）	壹拾贰万柒仟陆佰元整		￥127600.00 （亿千百十万千百十元角分）
款项名称	货款	托收凭证名称	商业承兑汇票	附寄单证张数 1
商品发运情况		合同名称号码		

备注：
付款人开户银行收到日期
　　2011 年 12 月 5 日
复核　　记账

付款人开户银行签章：
中国工商银行上海市分行
静安支行 2011.12.5

付款人注意：

此联付款人开户行凭已作付款人按期付款通知

第15笔经济业务

收　货　单

编号：198801

供货单位：江西羽绒服厂　　2011 年 12 月 8 日　　存放地点：批发部仓库

货号	品名	规格	单位	应收数量	实收数量	单价	金额
	男羽绒服		件	200	200	241.50	48 300.00
	女羽绒服		件	250	250	220.80	55 200.00
合　计							103 500.00

商品类别：男装类、女装类

入库联

收货人：王　刚

第16笔经济业务

托收凭证（收账通知） 4

委托日期 2011 年 12 月 5 日　　付款期限 2011 年 12 月 8 日

业务类型	委托收款（□邮划 ☑电划）		托收承付（□邮划 □电划）		
付款人	全称	南京服装公司	收款人	全称	静安商贸有限公司
	账号	150163211369		账号	110108213780
	开户银行	工行南京支行		开户银行	工行静安支行
金额	人民币（大写）	壹拾叁万贰仟玖佰元整			￥132900.00
款项名称	货款	托收凭证名称	商业承兑汇票	附寄单证张数	1
商品发运情况			合同名称号码		

备注：　　　　　上列款项已划回收入你方账户内。
　　　　　　　　收款人开户银行签章：
　　复核　记账　中国工商银行上海市分行
　　　　　　　　静安支行 2011.12.8

此联收款人作收账通知

第17笔经济业务

上海市增值税专用发票

编号：237752

记 账 联

开票日期：2011 年 12 月 8 日

购货单位	名　　称：徐汇商厦				密码区	（略）	
	纳税人识别号：（略）						
	地　　址：（略）						
	电　　话：（略）						
	开户行及账号：工行徐汇支行 110152346217						

货物或应税劳务名称	规格型号	单位	数量	单价	金额	税率	税额
男呢夹克衫		件	120	195.00	23400.00	17%	3978.00
男牛仔裤		条	900	75.00	67500.00	17%	11475.00
女时装		套	100	225.00	22500.00	17%	3825.00
合　计					￥113400.00		￥19278.00
价税合计（大写）	壹拾叁万贰仟陆佰柒拾捌元整				（小写）￥132678.00		

销货单位	名　　称：静安商贸有限公司	备注
	纳税人识别号：310110125076144	
	地　　址：静安区南京西路 1025 号	
	电　　话：63557788	
	开户行及账号：工行静安支行 110108213780	

收款人：　　　复核：江海平　　开票人：陈红　　销货单位盖章：静安商贸有限公司 发票专用章

第三联 记账联 销货方记账凭证

第18笔经济业务

差旅费报销单

编号：0231

2011 年 12 月 8 日

报销人姓名	周 伟	工作部门	采购部门	预借金额	1 500
出差理由	赴深圳日化厂购货	出差日期	12/5～12/8	报销金额	1 520
出差地点	深圳	出差天数	3 天	应补金额	20
会计主管		记账		出纳 苏 玲	部门主管 杨丽芳	申请人 周 伟	受款人（签收） 周 伟

第19笔经济业务

深圳市增值税专用发票

编号：392568

发 票 联

开票日期：2011 年 12 月 8 日

购货单位	名　　称：静安商贸有限公司
	纳税人识别号：310110125076144
	地　　址：静安区南京西路 1025 号
	电　　话：63557788
	开户行及账号：工行静安支行 110108213780

密码区（略）

货物或应税劳务名称	规格型号	单位	数量	单 价	金 额	税率	税 额
香水		盒	100	800.00	80 000.00	17％	13 600.00
合　　计					￥80 000.00		￥13 600.00
价税合计(大写)	玖万叁仟陆佰元整				(小写)￥93 600.00		

销货单位	名　　称：深圳日化厂
	纳税人识别号：(略)
	地　　址：(略)
	电　　话：(略)
	开户行及账号：工行深圳支行 180173221960

备注

收款人：　　复核：马克坚　　开票人：温 玲　　　　　销货单位盖章　深圳日化厂发票专用章

收 货 单

编号：375213

收货单位：百货组　　　2011年12月8日　　　供货单位：深圳日化厂

商品名称	购进价格				零售价格				进销差价
	单位	数量	单价	金额	单位	数量	单价	金额	
香水	盒	100	800.00	80 000.00	瓶	1 000	111.00	111 000.00	31 000.00
合　计				80 000.00				111 000.00	31 000.00

结算联

收货人：王静芳

公路、内河货物运输业统一发票

编号：278735

发 票 联

开票日期：2011年12月8日

收货人及纳税人识别号	静安商贸有限公司 310110125076144	承运人及纳税人识别号	深圳运输公司（略）
发货人及纳税人识别号	深圳日化厂（略）	主管税务机关及代码	（略）
运输项目及金额	运费 300.00	其他项目及金额	
运费小计￥300.00		其他费用小计(小写)	
合计(大写)人民币 叁佰元整			

第一联 发票联

运输单位盖章：深圳运输公司 发票专用章　　　开票人：李昌盛

第四部分 经济业务及反映经济业务的原始凭证

第20笔经济业务

上海市服务业统一发票

编号：3213171

发 票 联

付款单位(个人)：静安商贸有限公司　　　　开票日期：2011年12月9日

经营项目	单位	数量	单价	金额							
				万	千	百	十	元	角	分
广告费	个	1				7	8	0	2	0
合计金额(大写)：柒佰捌拾元零贰角整				¥		7	8	0	2	0

收款单位：飞马广告公司　　　　开户银行及账号：工行黄浦支行 110101389316
税务登记号：(略)

收款单位(盖章有效)：飞马广告公司发票专用章　　　　收款人：周平　　　开票人：张瑛

第21笔经济业务

收 货 单

编号：198800

供货单位：湖南羽绒服厂　　　2011年12月1日　　　存放地点：批发部仓库

货号	品名	规格	单位	应收数量	实收数量	单价	金额
(略)	男羽绒服		件	250	250	241.20	60 300.00
	女羽绒服		件	400	400	220.75	88 300.00
合计							148 600.00

入库联

商品类别：服装类

收货人：王刚

第22笔经济业务

商品销售收入缴款单

缴款部门：服装组　　　　2011年12月10日

货款种类	张　数	金　　额	货款种类	张　数	金　　额
现金		38 980.00	信用卡签购单	2	5 120.00
其中：票面100元	371	37 100.00	转账支票		
票面 50元	24	1 200.00	银行本票		
票面 20元	16	320.00	银行汇票		
票面 10元	22	220.00			
票面　5元	21	105.00			
票面　2元	12	24.00			
票面　1元	11	11.00			
角票					
分币					
缴款金额人民币（大写）　肆万肆仟壹佰元整						

收款人：周　燕　　　　　　　　　　　　　　　　　　　缴款人：王　伟

商品销售收入缴款单

缴款部门：百货组　　　　2011年12月10日

货款种类	张　数	金　　额	货款种类	张　数	金　　额
现金		35 900.00	信用卡签购单	2	3 660.00
其中：票面100元	335	33 500.00	转账支票		
票面 50元	30	1 500.00	银行本票		
票面 20元	18	360.00	银行汇票		
票面 10元	31	310.00			
票面　5元	36	180.00			
票面　2元	11	22.00			
票面　1元	28	28.00			
角票					
分币					
缴款金额人民币（大写）　叁万玖仟伍佰陆拾元整						

收款人：周　燕　　　　　　　　　　　　　　　　　　　缴款人：刘　琪

商品销售收入缴款单

缴款部门：食品组　　　　　　2011 年 12 月 10 日

货款种类	张　数	金　额	货款种类	张　数	金　额
现金		34 520.00	信用卡签购单	2	6 220.00
其中：票面100元	329	32 900.00	转账支票		
票面 50 元	19	950.00	银行本票		
票面 20 元	15	300.00	银行汇票		
票面 10 元	21	210.00			
票面 5 元	18	90.00			
票面 2 元	23	46.00			
票面 1 元	24	24.00			
角票					
分币					

缴款金额人民币（大写）肆万零柒佰肆拾元整

收款人：周燕　　　　　　　　　　　　　　　　　　缴款人：叶新天

Union Pay 银联 签购单

商户存根

特约商户名称：静安商贸有限公司
POS 号：000612
终端机号：20759003
特约商户编号：102290053110594

卡别/卡号
　4372 2680 7343 4338（工行）
交易类型：消费　　有效期：12/09
批次号码 3824　　查询号：20876
时间/日期 11/12/10
序号：10010304　　授权号：57254
金额：￥2 670.00
（同意支付上述款项）

（持卡人签字）
孙小丽

Union Pay 银联 签购单

商户存根

特约商户名称：静安商贸有限公司
POS 号：000613
终端机号：20759003
特约商户编号：1022 9005 3110 594

卡别/卡号
　4367 4708 2647 1244（工行）
交易类型：消费　　有效期：12/09
批次号码 3926　　查询号：7891
时间/日期 11/12/10
序号：10010626　　授权号：55246
金额：￥1 950.00
（同意支付上述款项）

（持卡人签字）
孙伟

Union Pay 银联 签购单

商户存根

特约商户名称：静安商贸有限公司
POS 号：000614
终端机号：20759003
特约商户编号：102290053110594

卡别/卡号
　4668 8010 0015 3736（工行）
交易类型：消费　　有效期：12/09
批次号码 4025　　查询号：3524
时间/日期 11/12/10
序号：10010869　　授权号：78904
金额：￥3 240.00
（同意支付上述款项）

（持卡人签字）
田敏

第四部分 经济业务及反映经济业务的原始凭证

Union Pay 银联 签购单
商户存根

特约商户名称：静安商贸有限公司
POS 号：000612
终端机号：20759003
特约商户编号：102290053110594

卡别/卡号
5309 8034 8372 8931（工行）
交易类型：消费　有效期：12/12
批次号码 7681　查询号：5001
时间/日期 11/12/10
序号：10015762　授权号：43821
金额：￥2 450.00
（同意支付上述款项）

（持卡人签字）
刘凯

Union Pay 银联 签购单
商户存根

特约商户名称：静安商贸有限公司
POS 号：000613
终端机号：20759003
特约商户编号：102290053110594

卡别/卡号
5678 1364 3792 1220（工行）
交易类型：消费　有效期：12/10
批次号码 5623　查询号：7921
时间/日期 11/12/10
序号：10018321　授权号：56120
金额：￥1 710.00
（同意支付上述款项）

（持卡人签字）
王小敏

Union Pay 银联 签购单
商户存根

特约商户名称：静安商贸有限公司
POS 号：000614
终端机号：20759003
特约商户编号：102290053110594

卡别/卡号
4372 3247 5660 1195（工行）
交易类型：消费　有效期：12/05
批次号码 0178　查询号：3678
时间/日期 11/12/10
序号：10019925　授权号：79821
金额：￥2 980.00
（同意支付上述款项）

（持卡人签字）
周伯康

填制解款单、汇计单和进账单，见三、"需要填制的原始凭证和票据"。

第23笔经济业务

上海市服务业统一发票

编号：987621

发 票 联

付款单位(个人)：静安商贸有限公司　　　　开票日期：2011 年 12 月 8 日

经营项目	单位	数 量	单 价	金　额						
				万	千	百	十	元	角	分
展览服装场地费	平方米	20	33.00			6	6	0	0	0
合计金额(大写) 陆佰陆拾元整				￥		6	6	0	0	0

收款单位：东方展览馆
税务登记号：（略）
开户银行及账号：工行静安支行 110108215469

收款单位(盖章有效)：东方展览馆发票专用章
收款人：刘芳芳　　开票人：王华

费用报销单

2011 年 12 月 10 日

编号：01576

报销人	业务部门		说明
项目	金额	单据张数	
市内交通费	98.00	5	
合计	￥98.00		

人民币（大写）：玖拾捌元整

审批人：岳庆伟　　　审核人：黄天明　　　受款人：金　明

上海市服务业统一发票

发　票　联

编号：378116

付款单位（个人）：静安商贸有限公司　　　开票日期：2011 年 12 月 5 日

经营项目	单位	数量	单价	金额						
				万	千	百	十	元	角	分
修理助动车	辆	1				3	0	8	0	0
合计金额（大写）叁佰零捌元整				￥		3	0	8	0	0

收款单位：五牛机动车修理部
税务登记号：（略）

开户银行及账号：工行徐汇支行 110107452627

收款单位（盖章有效）：五牛机动车修理部 发票专用章

收款人：周国平　　　开票人：杨丽萍

第二联　发票联

上海市服务业统一发票

发　票　联

编号：586321

付款单位（个人）：静安商贸有限公司　　　开票日期：2011 年 12 月 6 日

经营项目	单位	数量	单价	金额						
				万	千	百	十	元	角	分
印制领料单							2	4	5	0
合计金额（大写）贰佰肆拾伍元陆角整				￥			2	4	5	0

收款单位：华声印刷厂
税务登记号：（略）

开户银行及账号：工行南汇支行 110112647893

收款单位（盖章有效）：华声印刷厂 发票专用章

收款人：周海峰　　　开票人：许梅英

第二联　发票联

上海市服务业统一发票

编号：560178

发 票 联

付款单位(个人)：静安商贸有限公司　　　　　2011 年 12 月 9 日

经营项目	单位	数量	单价	金额 万千百十元角分
市内快递	件	9	10.00	9 0 0 0
市外快递	件	4	15.00	6 0 0 0
合计金额(大写) 壹佰伍拾元整				￥ 1 5 0 0 0

收款单位：四通快递公司　　　　开户银行及账号：工行长宁支行　110109362578
税务登记号：(略)

收款单位(盖章有效)：四通快递公司发票专用章　　收款：周国平　　开单：王飞

第二联　发票联

第24笔经济业务

中国工商银行上海市分行

编号：876541

电子报税付款通知

开户银行：工行静安支行　　扣款日期：2011 年 12 月 8 日　　收款国库：国家金库上海市静安

纳税人代码		税务征收机关	上海市静安区税务局
纳税人全称	静安商贸有限公司	银行账号	110108213780
纳税流水号	税　种	税款所属时间	实 缴 税 额
	所得税	2011.11.1～2011.11.30	14 250.00
	增值税	2011.11.1～2011.11.30	19 967.60
	营业税	2011.11.1～2011.11.30	600.00
	城市维护建设税	2011.11.1～2011.11.30	1 439.73
	教育费附加	2011.11.1～2011.11.30	617.03
合计金额	(大写) 叁万陆仟捌佰柒拾肆元叁角陆分		￥36 874.36

本付款通知经与银行对账单记录核对一致有效。　　上述税款已经扣款，请与银行对账单核对一致。
　　　　　　　　　　　　　　　　　　　　　　　　扣款银行(盖章)

中国工商银行上海市分行
静安支行 2011.12.8

第25笔经济业务 填制电汇凭证,见三、"发生的经济业务需要会计填制的原始凭证"。

安徽省增值税专用发票

编号：254096

发 票 联

开票日期：2011年12月9日

购货单位	名称：静安商贸有限公司								密码区		
	纳税人识别号：310110125076144										
	地址：静安区南京西路1025号								（略）		
	电话：63557788										
	开户行及账号：工行静安支行 110108213780										
货物或应税劳务名称		规格型号	单位	数量	单价		金额		税率	税额	
叉车			辆	1	81 000.00		81 000.00		17%	13 770.00	
合 计							￥81 000.00			￥13 770.00	
价税合计（大写）		玖万肆仟柒佰柒拾元整						（小写）￥94 770.00			
销货单位	名称：安徽叉车厂								备注		
	纳税人识别号：（略）										
	地址：（略）										
	电话：（略）										
	开户行及账号：工行合肥支行 130215063472										

收款人：　　复核：王琳　　开票人：陈雄　　销货单位盖章：[安徽叉车厂 发票专用章]

第二联 发票联 购货方记账凭证

公路、内河货物运输业统一发票

编号：516457

发 票 联

开票日期：2011年12月9日

收货人及 纳税人识别号	静安商贸有限公司 310110125076144	承运人及 纳税人识别号	安徽运输公司 （略）
发货人及 纳税人识别号	安徽叉车厂 （略）	主管税务机关 及代码	（略）
运输项目 及 金额	运费 300.00	其他项目 及 金额	
运费小计￥300.00		其他费用小计（小写）	
合计（大写）人民币 叁佰元整			

运输单位盖章：[安徽运输公司 发票专用章]　　　　开票人：胡志军

第一联 发票联

第26笔经济业务

托收凭证（收账通知）   4

委托日期 2011 年 11 月 29 日　　付款期限 2011 年 12 月 11 日

业务类型	委托收款（□邮划 ☑电划）　托收承付（□邮划 □电划）			
付款人	全称	昆明服装公司	收款人	全称	静安商贸有限公司
	账号	250205172926		账号	110108213780
	开户银行	工行昆明支行		开户银行	工行静安支行

金额　人民币（大写）　壹拾贰万陆仟柒佰陆拾玖元陆角整　　￥126769.60

款项名称：货款及运费　　托收凭证名称：托收承付　　附寄单证张数：2

商品发运情况：　　合同名称号码：

备注：
复核　记账
上列款项已划回收入你方账户内。
收款人开户银行签章：
中国工商银行上海市分行
静安支行 2011.12.11

此联收款人开户行作收账通知

第27笔经济业务

托收凭证（付款通知）   5

委托日期 2011 年 12 月 8 日　　付款期限 2011 年 12 月 12 日

业务类型	委托收款（□邮划 □电划）　托收承付（□邮划 ☑电划）			
付款人	全称	静安商贸有限公司	收款人	全称	厦门服装厂
	账号	110108213780		账号	140571226933
	开户银行	工行静安支行		开户银行	工行厦门支行

金额　人民币（大写）　壹拾壹万叁仟捌佰贰拾贰元整　　￥113822.00

款项名称：货款及运费　　托收凭证名称：托收承付　　附寄单证张数：2

商品发运情况：　　合同名称号码：

备注：
付款人开户银行收到日期
2011 年 12 月 12 日
复核　记账

付款人开户银行签章：
中国工商银行上海市分行
静安支行 2011.12.12

付款人注意：

此联付款人开户行凭已作付款人按期付款通知

福建省增值税专用发票

编号：254807

发 票 联

开票日期：2011 年 12 月 8 日

购货单位	名　　　称：静安商贸有限公司 纳税人识别号：310110125076144 地　　　址：静安区南京西路 1025 号 电　　　话：63557788 开户行及账号：工行静安支行 110108213780	密码区	（略）

货物或应税劳务名称	规格型号	单位	数量	单　价	金　额	税率	税　额
男牛仔裤		条	1 400	69.00	96 600.00	17％	16 422.00
合　计					￥96 600.00		￥16 422.00

价税合计（大写）	壹拾壹万叁仟零贰拾贰元整	（小写）￥113 022.00

销货单位	名　　　称：厦门服装厂 纳税人识别号：（略） 地　　　址：（略） 电　　　话：（略） 开户行及账号：工行厦门支行 140571226933	备注	

收款人：　　　复核：钱林海　　开票人：盖　玲　　　销货单位盖章：厦门服装厂发票专用章

公路、内河货物运输业统一发票

编号：178624

发 票 联

开票日期：2011 年 12 月 8 日

收货人及 纳税人识别号	静安商贸有限公司 （略）	承运人及 纳税人识别号	厦门物流公司 （略）
发货人及 纳税人识别号	厦门服装厂 （略）	主管税务机关 及代码	（略）
运输项目 及金额	运费 800.00	其他项目 及金额	
运费小计￥800.00		其他费用小计（小写）	
合计（大写）人民币 捌佰元整			

运输单位盖章：厦门物流公司发票专用章　　　　　　　开票人：江海平

收 货 单

编号：198802

供货单位：厦门服装厂　　　2011年12月12日　　　存放地点：批发部仓库

货号	品名	规格	单位	应收数量	实收数量	单价	金额
	男牛仔裤		条	1 400	1 400	69.00	96 600.00
合计							96 600.00

商品类别：男装类

收货人：王　刚

结算联

第28笔经济业务

托收凭证（收账通知） 4

委托日期 2011年11月30日　　　付款期限 2011年12月12日

业务类型	委托收款（□邮划 □电划）　托收承付（□邮划 ☑电划）				
付款人	全称	沈阳服装公司	收款人	全称	静安商贸有限公司
	账号	190132597664		账号	110108213780
	开户银行	工行沈阳支行		开户银行	工行静安支行

金额	人民币（大写） 壹拾壹万伍仟壹佰玖拾捌元贰角整	亿 千 百 十 万 千 百 十 元 角 分
		￥　　　　1 1 5 1 9 8 2 0

款项名称	货款及运费	托收凭证名称	托收承付	附寄单证张数	2

商品发运情况：　　　　　　　合同名称号码：

备注：　　　　　　上列款项已划回收入你方账户内。
　　　　　　　　　收款人开户银行签章：
　　复核　　记账　　[中国工商银行上海市分行 静安支行 2011.12.12]

此联收款人开户行作收账通知

第29笔经济业务

收 货 单

编号：375213

收货部门：百货组　　　　2011年12月8日　　　　供货单位：深圳日化厂

商品名称	购进价格				零售价格				进销差价
	单位	数量	单价	金额	单位	数量	单价	金额	
香水	盒	100	800.00	80 000.00	瓶	1 000	111.00	111 000.00	31 000.00
合　计				80 000.00				111 000.00	31 000.00

入库联

收货人：孙红梅

第30笔经济业务

中国工商银行

银行汇票（多余款收账通知）4

编号：191786

出票日期：贰零壹壹年壹拾贰月零贰日　　　代理付款行：　　行号：

收款人：深圳日化厂
出票金额：人民币：（大写）壹拾万元整　　　　￥100 000.00
实际结算金额：人民币：（大写）玖万叁仟玖佰元整
申请人：静安商贸有限公司　　账号：110108213780
出票行：工行静安支行
备注：　　　　多余金额　￥6 100.00
出票行签章：中国工商银行上海市分行 静安支行 2011.12.12

付款期限 壹个月

左侧退回多余金额已收入你账户内

此联出票行结清多余款后交申请人

第31笔经济业务

上海市增值税专用发票

编号：237753

记 账 联

开票日期：2011 年 12 月 12 日

购货单位	名　　　　称：长宁商厦 纳税人识别号：（略） 地　　　　址：（略） 电　　　　话：（略） 开户行及账号：工行长宁支行 110112673525				密码区	（略）			第三联 记账联 销货方记账凭证
货物或应税劳务名称	规格型号	单位	数量	单　价	金　额	税率	税　额		
男羽绒服		件	160	262.50	42 000.00	17%	7 140.00		
女牛仔裤		条	920	67.50	62 100.00	17%	10 557.00		
合　计					￥104 100.00		￥17 697.00		
价税合计（大写）	壹拾贰万壹仟柒佰玖拾柒元整				（小写）￥121 797.00				
销货单位	名　　　　称：静安商贸有限公司 纳税人识别号：310110125076144 地　　　　址：静安区南京西路1025号 电　　　　话：63557788 开户行及账号：工行静安支行 110108213780				备注				

收款人：　　　复核：江海平　　开票人：陈　红　　销货单位盖章

静安商贸有限公司
发票专用章

第32笔经济业务 签发现金支票，见三、"发生的经济业务需要会计填制的原始凭证和票据"。

第33笔经济业务

工资结算汇总表

2011 年 12 月 15 日

部　门	工资	缺勤应扣工资	应发工资	奖　金	津贴和补贴		应发薪酬合计
					中夜班津贴	副食品补贴	
商品经营部门	55 000.00	80.00	54 920.00	8 030.00	300.00	1 250.00	64 500.00
行政管理部门	9 000.00	20.00	8 980.00	1 070.00		150.00	10 200.00
合　计	64 000.00	100.00	63 900.00	9 100.00	300.00	1 400.00	74 700.00

部　门	代　扣　款　项						实发金额
	住房公积金	养老保险费	医疗保险费	失业保险费	个人所得税	合　计	
商品经营部门	4 515.00	5 160.00	1 290.00	645.00		11 610.00	52 890.00
行政管理部门	714.00	816.00	204.00	102.00	3.30	1 839.30	8 360.70
合　计	5 229.00	5 976.00	1 494.00	747.00	3.30	13 449.30	61 250.70

（另附2张工资结算表从略）

第34笔经济业务

商品销售收入缴款单

缴款部门：服装组　　　　　2011年12月15日

货款种类	张　数	金　额	货款种类	张　数	金　额
现金		38 320.00	信用卡签购单	2	4 880.00
其中：票面100元	356	35 600.00	转账支票		
票面 50元	40	2 000.00	银行本票		
票面 20元	17	340.00	银行汇票		
票面 10元	20	200.00			
票面 5元	23	115.00			
票面 2元	18	36.00			
票面 1元	29	29.00			
角票					
分币					

缴款金额人民币(大写) **肆万叁仟贰佰元整**

收款人：周　燕　　　　　　　　　　　　　　　　缴款人：王　伟

商品销售收入缴款单

缴款部门：百货组　　　　　2011年12月15日

货款种类	张　数	金　额	货款种类	张　数	金　额
现金		35 670.00	信用卡签购单	2	3 310.00
其中：票面100元	330	33 000.00	转账支票	1	3 756.00
票面 50元	37	1 850.00	银行本票		
票面 20元	19	380.00	银行汇票		
票面 10元	24	240.00			
票面 5元	27	135.00			
票面 2元	22	44.00			
票面 1元	21	21.00			
角票					
分币					

缴款金额人民币(大写) **肆万贰仟柒佰叁拾陆元整**

收款人：周　燕　　　　　　　　　　　　　　　　缴款人：刘　琪

商品销售收入缴款单

缴款部门：食品组　　　　　　2011 年 12 月 15 日

货款种类	张 数	金 额	货款种类	张 数	金 额
现金		32 140.00	信用卡签购单	2	3 210.00
其中：票面100元	295	29 500.00	转账支票	2	5 510.00
票面 50元	32	1 600.00	银行本票		
票面 20元	24	480.00	银行汇票		
票面 10元	35	350.00			
票面 5元	30	150.00			
票面 2元	14	28.00			
票面 1元	32	32.00			
角票					
分币					

缴款金额人民币（大写）　肆万零捌佰陆拾元整

收款人：周 蕊　　　　　　　　　　　　　　　　　　　　　缴款人：叶新天

Union Pay 银联　签购单

商户存根

特约商户名称：静安商贸有限公司
POS 号：000612
终端机号：20759003
特约商户编号：102290053110594

卡别/卡号
　5309 8034 8372 8931（工行）
交易类型：消费　　有效期：12/11
批次号码 335784　查询号：5678
时间/日期 11/12/15
序号：0803578　　授权号：31072
金额：￥2 520.00

（同意支付上述款项）

（持卡人签字）
江海波

Union Pay 银联　签购单

商户存根

特约商户名称：静安商贸有限公司
POS 号：000613
终端机号：20759003
特约商户编号：102290053110594

卡别/卡号
　4367 2010 7316 0513（工行）
交易类型：消费　　有效期 12/12
批次号码 337116　查询号：3214
时间/日期 11/12/15
序号：0404033　　授权号：05045
金额：￥1 760.00

（同意支付上述款项）

（持卡人签字）
田 林

Union Pay 银联　签购单

商户存根

特约商户名称：静安商贸有限公司
POS 号：000614
终端机号：20759003
特约商户编号：102290053110594

卡别/卡号
　9558 8010 0327 2804（工行）
交易类型：消费　　有效期：12/10
批次号码 338117　查询号：7450
时间/日期 11/12/15
序号：7892064　　授权号：87930
金额：￥1 890.00

（同意支付上述款项）

（持卡人签字）
李 硕

第四部分 经济业务及反映经济业务的原始凭证

Union Pay 银联 签购单
商户存根

特约商户名称：静安商贸有限公司
POS号：000612
终端机号：20759003
特约商户编号：102290053110594

卡别/卡号
9558 7061 0672 1365（工行）
交易类型：消费　有效期：12/10
批次号码 339925　查询号：8126
时间/日期 11/12/15
序号：7893112　授权号：88376
金额：￥2 360.00

（同意支付上述款项）

（持卡人签字）
赵强

Union Pay 银联 签购单
商户存根

特约商户名称：静安商贸有限公司
POS号：000613
终端机号：20759003
特约商户编号：102290053110594

卡别/卡号
5421 3760 0387 9051（工行）
交易类型：消费　有效期：12/10
批次号码 7232561　查询号：6639
时间/日期 11/12/15
序号：5433059　授权号：76118
金额：￥1 550.00

（同意支付上述款项）

（持卡人签字）
华馨芳

Union Pay 银联 签购单
商户存根

特约商户名称：静安商贸有限公司
POS号：000614
终端机号：20759003
特约商户编号：102290053110594

卡别/卡号
5309 7621 3695 4321（工行）
交易类型：消费　有效期：12/12
批次号码 6547112　查询号：5127
时间/日期 11/12/15
序号：6678125　授权号：79216
金额：￥1 320.00

（同意支付上述款项）

（持卡人签字）
林学胜

填制解款单、汇计单和进账单，见"三、需要填制的原始凭证和票据"。

第35、36、37笔经济业务　无原始凭证，根据工资结算汇总表数据核算。

第38笔经济业务

公路、内河货物运输业统一发票
编号：104519

发 票 联

开票日期：2011 年 12 月 16 日

收货人及纳税人识别号	昆明服装公司（略）	承运人及纳税人识别号	上海货运公司（略）
发货人及纳税人识别号	静安商贸有限公司 310110125076144	主管税务机关及代码	（略）
运输项目及金额	运费 992.00	其他项目及金额	
运费小计￥992.00		其他费用小计（小写）	
合计（大写）人民币 玖佰玖拾贰元整			

第一联 发票联

运输单位盖章：上海货运公司发票专用章　　　　　开票人：姜百云

第四部分　经济业务及反映经济业务的原始凭证　·79·

第39笔经济业务

上海市增值税专用发票

编号：237754

记 账 联

开票日期：2011年12月17日

购货单位	名　　称：昆明服装公司 纳税人识别号：（略） 地　　址：（略） 电　　话：（略） 开户行及账号：工行昆明支行 250205172926	密码区	（略）

货物或应税劳务名称	规格型号	单位	数量	单价	金额	税率	税额
男呢大衣		件	150	315	47 250.00	17%	8 032.50
女呢大衣		件	120	285	34 200.00	17%	5 814.00
女时装		套	120	225	27 000.00	17%	4 590.00
合　计					￥108 450.00		￥18 436.50
价税合计（大写）	壹拾贰万陆仟捌佰捌拾陆元伍角整				（小写）￥126 886.50		

销货单位	名　　称：静安商贸有限公司 纳税人识别号：310110125076144 地　　址：静安区南京西路1025号 电　　话：63557788 开户行及账号：工行静安支行 110108213780	备注	

收款人：　　　复核：江海平　　开票人：陈　红　　销货单位盖章：静安商贸有限公司 发票专用章

第三联 记账联 销货方记账凭证

填制托收承付结算凭证，见三、"发生的经济业务需要会计填制的原始凭证和票据"。

第40笔经济业务　签发商业承兑汇票，见三、"需要填制的原始凭证和票据"。

上海市增值税专用发票

编号：478231

发 票 联

开票日期：2011年12月17日

购货单位	名　　称：静安商贸有限公司 纳税人识别号：310110125076144 地　　址：静安区南京西路1025号 电　　话：63557788 开户行及账号：工行静安支行 110108213780	密码区	（略）

货物或应税劳务名称	规格型号	单位	数量	单价	金额	税率	税额
男呢大衣		件	300	289.50	86 850.00	17%	14 764.50
女呢大衣		件	250	262.20	65 550.00	17%	11 143.50
女时装		套	425	206.00	87 550.00	17%	14 883.50
合　计					￥239 950.00		￥40 791.50
价税合计（大写）	贰拾捌万零柒佰肆拾壹元伍角整				（小写）￥280 741.50		

销货单位	名　　称：上海服装厂 纳税人识别号：（略） 地　　址：（略） 电　　话：（略） 开户行及账号：工行南市支行 110159261387	备注	

收款人：　　　复核：刘莹玉　　开票人：许　焱　　销货单位盖章：上海服装厂 发票专用章

第二联 发票联 购货方记账凭证

收 货 单

编号：198803

供货单位：上海服装厂　　　　2011年12月17日　　　　存放地点：

货　号	品　名	规　格	单　位	应收数量	实收数量	单　价	金　额
	男呢大衣		件	300	300	289.50	86 850.00
	女呢大衣		件	250	250	262.20	65 550.00
	女时装		套	425	425	206.00	87 550.00
合　计							239 950.00
商品类别：男装类、女装类							

结算联

收货人：刘　蕾

第41笔经济业务　填制进账单，见"三、发生的经济业务需要会计填制的原始凭证和票据"。

第42笔经济业务

收 货 单

编号：375212

收货部门：食品组　　　　2011年12月18日　　　　供货单位：天津食品公司

商品名称	购进价格				零售价格				进销差价
	单位	数量	单价	金额	单位	数量	单价	金额	
康师傅方便面	箱	500	34.50	17 250.00	袋	12 000	2.00	24 000.00	6 750.00
天津大麻花	箱	150	288.00	43 200.00	盒	1 500	40.00	60 000.00	16 800.00
合　计				60 450.00				84 000.00	23 550.00

入库联

收货人：张　丽

第43笔经济业务

托收凭证（付款通知） 5

委托日期 2011 年 12 月 7 日　　　付款期限 2011 年 12 月 18 日

业务类型	委托收款（□邮划 ☑电划） 托收承付（□邮划 □电划）													
付款人	全称	静安商贸有限公司		收款人	全称	上海服装厂								
	账号	110108213780			账号	110159261387								
	开户银行	工行静安支行			开户银行	工行南市支行								
金额	人民币（大写）	壹拾伍万玖仟陆佰壹拾壹元肆角整				亿	千	百	十	万	千	百	十	元	角	分
									¥	1	5	9	6	1	1	4	0
款项名称	货款	托收凭证名称	商业承兑汇票	附寄单证张数										
商品发运情况			合同名称号码											
备注：付款人开户银行收到日期 2011 年 12 月 18 日 复核　记账	付款人开户银行签章：中国工商银行上海市分行 静安支行 2011.12.18		付款人注意：											

此联付款人开户行凭已作付款人按期付款通知

第44笔经济业务 签发转账支票，见三、"发生的经济业务需要会计填制的原始凭证和票据"。

第45笔经济业务 签发转账支票，见三、"发生的经济业务需要会计填制的原始凭证和票据"。

第46笔经济业务

商品内部调拨单

编号：07567

调入部门：商场服装组　　　2011 年 12 月 19 日　　　调出部门：服装批发部

品名	规格	计量单位	数量	零售价格		购进价格		商品进销差价
				单价	金额	单价	金额	
男呢大衣		件	100	425.00	42 500.00	289.80	28 980.00	13 520.00
男牛仔裤		条	500	101.00	50 500.00	69.10	34 550.00	15 950.00
女呢大衣		件	150	385.00	57 750.00	262.50	39 375.00	18 375.00
合计					150 750.00		102 905.00	47 845.00

调入部门签章：商场服装组　　　调出部门签章：服装批发部　　　制单人：李志刚

第47笔经济业务

托收凭证（付款通知） 5

委托日期 2011 年 12 月 15 日　　付款期限 2011 年 12 月 19 日

业务类型	委托收款（□邮划 □电划） 托收承付（□邮划 ☑电划）			
付款人	全　称	静安商贸有限公司	收款人 全　称	福建土产公司
	账　号	110108213780	账　号	140137265825
	开户银行	工行静安支行	开户银行	工行福州支行

金额	人民币（大写）	壹拾叁万陆仟叁佰柒拾叁元壹角陆分	亿千百十万千百十元角分 ￥1 3 6 3 7 3 1 6

款项名称	货款及运费	托收凭证名称	托收承付	附寄单证张数	2

商品发运情况		合同名称号码	

备注：付款人开户银行收到日期 2011 年 12 月 19 日　复核　记账	付款人开户银行签章：中国工商银行上海市分行 静安支行 2011.12.19	付款人注意：

此联付款人开户行凭此已作付款人按期付款通知

福建省增值税专用发票

编号：782135

发 票 联

开票日期：2011 年 12 月 15 日

购货单位	名　称：静安商贸有限公司	密码区	（略）
	纳税人识别号：3101110125076144		
	地　址：静安区南京西路1025号		
	电　话：63557788		
	开户行及账号：工行静安支行　110108213780		

货物或应税劳务名称	规格型号	单位	数量	单价	金额	税率	税额
香菇			1 400	56.20	78 680.00	17%	13 375.60
桂圆			680	55.10	37 468.00	17%	6 369.56
合计					￥116 148.00		￥19 745.16
价税合计（大写）	壹拾叁万伍仟捌佰玖拾叁元壹角陆分				（小写）￥135 893.16		

销货单位	名　称：福建土产公司	备注
	纳税人识别号：（略）	
	地　址：（略）	
	电　话：（略）	
	开户行及账号：工行福建支行　140137265825	

收款人：　　　复核：许飞　　　开票人：郭豪　　　销货单位盖章：福建土产公司发票专用章

第二联　发票联　购货方记账凭证

公路、内河货物运输业统一发票

编号：178922

发 票 联

开票日期：2011 年 12 月 15 日

收货人及纳税人识别号	静安商贸有限公司 310110125076144	承运人及纳税人识别号	福州物流公司（略）
发货人及纳税人识别号	福建土产公司（略）	主管税务机关及代码	（略）
运输项目及金额	运费 480.00	其他项目及金额	
运费小计 ¥480.00		其他费用小计（小写）	
合计人民币（大写）肆佰捌拾元整			

运输单位盖章：福州物流公司 发票专用章

开票人：周敏华

第一联 发票联

收 货 单

编号：375214

收货部门：食品组　　2011 年 12 月 19 日　　供货单位：福建土产公司

商品名称	购进价格				零售价格				进销差价
	单位	数量	单价	金额	单位	数量	单价	金额	
香 菇	千克	1 400	56.20	78 680.00					
桂 圆	千克	680	55.10	37 468.00					
合 计				116 148.00					

收货人：张 丽

结算联

第 48 笔经济业务

托收凭证（收账通知） 4

委托日期 2011 年 12 月 18 日　　付款期限 2011 年 12 月 19 日

业务类型	委托收款（□邮划 ☑电划）　托收承付（□邮划 □电划）		
付款人	全称	徐汇商厦	
	账号	110152346217	
	开户银行	工行徐汇支行	
收款人	全称	静安商贸有限公司	
	账号	110108213780	
	开户银行	工行静安支行	
金额	人民币（大写）壹拾叁万陆仟叁佰柒拾叁元壹角陆分		￥136373.16
款项名称	货款	托收凭证名称 商业承兑汇票	附寄单证张数 1
商品发运情况		合同名称号码	
备注：	复核　　记账	上列款项已划回收入你方账户内。收款人开户银行签章：中国工商银行上海市分行 静安支行 2011.12.19	

此联收款人开户行作收账通知

第49笔经济业务

上海市增值税专用发票

编号：237755

记 账 联

开票日期：2011 年 12 月 19 日

购货单位	名　　　称：黄浦商厦 纳税人识别号：（略） 地　　　址：（略） 电　　　话：（略） 开户行及账号：工行黄浦支行 110134569183				密码区	（略）			
货物或应税劳务名称	规格型号	单位	数量	单价	金额		税率	税额	
男皮夹克		件	100	840.00	84 000.00		17%	14 280.00	
合　　计					￥84 000.00			￥14 280.00	
价税合计（大写）	玖万捌仟贰佰捌拾元整								
销货单位	名　　　称：静安商贸有限公司 纳税人识别号：310110125076144 地　　　址：静安区南京西路1025号 电　　　话：63557788 开户行及账号：工行静安支行 110108213780				备注				

收款人：　　　复核：江海平　　　开票人：陈　红　　　销货单位盖章：静安商贸有限公司 发票专用章

受托代销商品出库单

编号：5721

购货单位：黄浦商厦　　　2011 年 12 月 19 日　　　存放地点：批发部仓库

货　号	品　名	规　格	单　位	应收数量	实收数量	单　价	金　额
	男皮夹克		件	100	100	750.00	75 000.00
	合　计						75 000.00

商品类别：男装类

制单人：孙　敏

第50笔经济业务

商品销售收入缴款单

缴款部门：服装组　　　　　　2011年12月20日

货款种类	张数	金　额	货款种类	张数	金　额
现金		39 120.00	信用卡签购单	2	5 080.00
其中：票面100元		36 300.00	转账支票	1	4 340.00
票面50元	42	2 100.00	银行本票		
票面20元	21	420.00	银行汇票		
票面10元	16	160.00			
票面5元	20	100.00			
票面2元	11	22.00			
票面1元	18	18.00			
角票					
分币					

缴款金额人民币（大写）*肆万捌仟伍佰肆拾元整*

收款人：周　燕　　　　　　　　　　　　　　　缴款人：王　伟

商品销售收入缴款单

缴款部门：百货组　　　　　　2011年12月20日

货款种类	张数	金　额	货款种类	张数	金　额
现金		36 390.00	信用卡签购单	2	3 770.00
其中：票面100元	336	33 600.00	转账支票		
票面50元	38	1 900.00	银行本票		
票面20元	19	380.00	银行汇票		
票面10元	33	330.00			
票面5元	23	115.00			
票面2元	18	36.00			
票面1元	29	29.00			
角票					
分币					

缴款金额人民币（大写）*肆万零壹佰陆拾元整*

收款人：周　燕　　　　　　　　　　　　　　　缴款人：刘　琪

商品销售收入缴款单

缴款部门：食品组　　　　　2011 年 12 月 20 日

货款种类	张数	金额	货款种类	张数	金额
现金		35 270.00	信用卡签购单	2	3 450.00
其中：票面 100 元	326	32 600.00	转账支票		
票面 50 元	32	1 600.00	银行本票		
票面 20 元	26	520.00	银行汇票		
票面 10 元	37	370.00			
票面 5 元	23	115.00			
票面 2 元	20	40.00			
票面 1 元	25	25.00			
角票					
分币					

缴款金额人民币（大写）叁万捌仟柒佰贰拾元整

收款人：周燕　　　　　　　　　　　　　　　缴款人：叶新天

Union Pay 银联 签购单
商户存根

特约商户名称：静安商贸有限公司
POS 号：000612
终端机号：20759003
特约商户编号：102290053110594

卡别/卡号
　6558 8381 0716 5129（工行）
交易类型：消费　有效期：12/12
批次号码 863937　查询号：6635
时间/日期 11/12/20
序号：198112360　授权号：79822
金额：￥2 320.00
（同意支付上述款项）

（持卡人签字）
陈天民

Union Pay 银联 签购单
商户存根

特约商户名称：静安商贸有限公司
POS 号：000613
终端机号：20759003
特约商户编号：102290053110594

卡别/卡号
　5309 2318 7320 1356（工行）
交易类型：消费　有效期：12/12
批次号码 889225　查询号：5962
时间/日期 11/12/20
序号：191846321　授权号：69525
金额：￥1 890.00
（同意支付上述款项）

（持卡人签字）
徐德惠

Union Pay 银联 签购单
商户存根

特约商户名称：静安商贸有限公司
POS 号：000614
终端机号：20759003
特约商户编号：102290053110594

卡别/卡号
　5732 3708 1080 3756（工行）
交易类型：消费　有效期：12/9
批次号码 891127　查询号：6927
时间/日期 11/12/20
序号：195230867　授权号：78569
金额：￥1 660.00
（同意支付上述款项）

（持卡人签字）
朱英

第四部分 经济业务及反映经济业务的原始凭证

Union Pay 银联 签购单	Union Pay 银联 签购单	Union Pay 银联 签购单
商户存根	商户存根	商户存根
特约商户名称：*静安商贸有限公司*	特约商户名称：*静安商贸有限公司*	特约商户名称：*静安商贸有限公司*
POS 号：*000612*	POS 号：*000613*	POS 号：*000614*
终端机号：*20759003*	终端机号：*20759003*	终端机号：*20759003*
特约商户编号：*102290053110594*	特约商户编号：*102290053110594*	特约商户编号：*102290053110594*
卡别/卡号 *8418 2867 8872 1109（工行）*	卡别/卡号 *5309 7086 3654 2981（工行）*	卡别/卡号 *4367 4800 0064 1288（工行）*
交易类型：*消费* 有效期：*12/09*	交易类型：*消费* 有效期：*12/09*	交易类型：*消费* 有效期：*12/08*
批次号码 *872136* 查询号：*6823*	批次号码 *876692* 查询号：*5736*	批次号码 *878215* 查询号：*7621*
时间/日期 *11/12/20*	时间/日期 *11/12/20*	时间/日期 *11/12/20*
序号：*200213066* 授权号：*80559*	序号：*191347030* 授权号：*64817*	序号：*194804050* 授权号：*75271*
金额：*￥2 760.00*	金额：*￥1 880.00*	金额：*￥1 790.00*
（同意支付上述款项）	（同意支付上述款项）	（同意支付上述款项）
（持卡人签字）*王兵兵*	（持卡人签字）*陈雁*	（持卡人签字）*徐芳*

填制解款单、汇计单和进账单，见"三、发生的经济业务需要会计填制的原始凭证和票据"。

第51笔经济业务 无原始凭证，根据工资结算汇总表数据核算。

第52笔经济业务 签发转账支票，见三、"发生的经济业务需要会计填制的原始凭证和票据"。

第53笔经济业务

职工医疗费报销单

部门：*商场*　　　　　　　　　　　　　　　　　　　　　　填表日期：2011 年 12 月 22 日

姓　　名	*周伟*	性　别	**男**	就诊医院	
家属姓名	*周晓刚*	家属年龄	8 周岁	*静安区中心医院*	
项　　目	实际金额	个人承担	报销金额	备注：	
药　　费	721	50%	360.50		
检 查 费					
治 疗 费					
其　　他					
实际报销金额（大写）：*叁佰陆拾元伍角整*				￥360.50	

审核：*倪萍*　　　　　　　制表：*杨美丽*　　　　　　报销人：*周伟*

职工生活困难补助申请单

2011 年 12 月 22 日

部门	仓库	申请人	陈红
补助原因	爱人下岗待业在家		
金额	人民币(大写)壹佰伍拾元整		
部门意见	同意 王群 2011 年 12 月 18 日		
工会意见	同意 赵晓东 2011 年 12 月 21 日		

第 54 笔经济业务 签发转账支票,见"三、发生的经济业务需要会计填制的原始凭证和票据"。

东方财产保险有限公司
保险业专用发票

编号：538272

开票日期：2011 年 12 月 22 日

付款人：静安商贸有限公司
承保险种：财产保险　　　　　　　　期别：1 年
保险单号：20202011703010600206　　批单号：
保险费金额人民币(大写)：贰万柒仟元整　　(小写)：￥27 000.00
附注：

经手人：张倩　　复核：顾春绿　　保险公司签章：中国平安保险公司上海分公司发票专用章

第二联 发票联

第 55 笔经济业务

中国工商银行上海市分行还款凭证

编号：378210

2011 年 12 月 22 日

付款人	姓名	静安商贸有限公司	收款人	姓名	工行静安支行
	还款账号	110108213780		收款账号	110111667835
	开户行	工行静安支行		开户行	工行静安支行
贷款账号			贷款种类		短期贷款
合同编号			借据序号		
还款方式	按金额☑ 按期数☐		还款期数		
还款金额	人民币(大写)壹拾贰万元整		千百十万千百十元角分 ￥120000 00		
备注					

第五联 还款通知联

第 56 笔经济业务　签发现金支票,见"三、发生的经济业务需要会计填制的原始凭证和票据"。

第 57 笔经济业务　签发转账支票,见"三、发生的经济业务需要会计填制的原始凭证和票据"。

公路、内河货物运输业统一发票

编号：247812

发 票 联

开票日期：2011 年 12 月 22 日

收货人及 纳税人识别号	沈阳服装公司 （略）	承运人及 纳税人识别号	上海货运公司 （略）
发货人及 纳税人识别号	静安商贸有限公司	主管税务机关 及代码	（略）
运输项目 及金额	运费 986.00	其他项目 及金额	
运费小计	￥986.00	其他费用小计	
合计人民币（大写）	玖佰捌拾陆元整		

运输单位盖章：上海货运公司 发票专用章　　　　开票人：秦　明

第一联　发票联

第 58 笔经济业务　填制托收承付结算凭证,见"三、发生的经济业务需要会计填制的原始凭证和票据"。

上海市增值税专用发票

编号：237756

记 账 联

开票日期：2011 年 12 月 22 日

购货单位	名　　称：沈阳服装公司 纳税人识别号：（略） 地　　址：（略） 电　　话：（略） 开户行及账号：工行沈阳支行 190132597664	密码区	（略）

货物或应税劳务名称	规格型号	单位	数量	单价	金额	税率	税额
男羽绒服		件	200	262.50	52 500.00	17%	8 925.00
女羽绒服		件	150	240.00	36 000.00	17%	6 120.00
女牛仔裤		条	500	67.50	33 750.00	17%	5 737.50
合　计					￥122 250.00		￥20 782.50

价税合计（大写）　壹拾肆万叁仟零叁拾贰元伍角整　　（小写）￥143 032.50

销货单位	名　　称：静安商贸有限公司 纳税人识别号：310110125076144 地　　址：静安区南京西路 1025 号 电　　话：63557788 开户行及账号：工行静安支行 110108213780	备注	

收款人：　　复核：江海平　　开票人：陈　红　　销货单位盖章：静安商贸有限公司 发票专用章

第三联　记账联　销货方记账凭证

第 59 笔经济业务

收 货 单

编号：198802

供货单位：厦门服装厂　　　2011 年 12 月 22 日　　　存放地点：批发部仓库

货 号	品 名	规 格	单 位	应收数量	实收数量	单 价	金 额
	男牛仔裤		条	1 400	1 400	69.00	96 600.00
合 计							96 600.00

商品类别：男装类

入库联

收货人：刘 蕾

第 60 笔经济业务　签发转账支票，见"三、发生的经济业务需要会计填制的原始凭证和票据"。

上海市增值税专用发票

编号：232581

发 票 联

开票日期：2011 年 12 月 23 日

购货单位	名　　　称：静安商贸有限公司 纳税人识别号：310110125076144 地　　　址：静安区南京西路 1025 号 电　　　话：63557788 开户行及账号：工行静安支行 110108213780	密码区	（略）

货物或应税劳务名称	规格型号	单位	数量	单价	金额	税率	税额
三夹板		张	50	42	2 100.00	17%	357.00
合 计					2 100.00		357.00

价税合计（大写）　贰仟肆佰伍拾柒元整　　　　　　　　（小写）￥2 457.00

销货单位	名　　　称：上海木材公司 纳税人识别号：310110175015877 地　　　址：杨浦区军工路 500 号 电　　　话：65113355 开户行及账号：工行鞍山支行 110105673245	备注	

第二联 发票联 购货方记账凭证

收款人：　　　复核：赵倩倩　　　开票人：周莉莉　　　销货单位盖章：

　　　　　　　　　　　　　　　　　　　　　　　　　　　上海木材公司
　　　　　　　　　　　　　　　　　　　　　　　　　　　发票专用章

公路、内河货物运输业统一发票

编号：317642

发 票 联

开票日期：2011 年 12 月 23 日

收货人及纳税人识别号	静安商贸有限公司 310110125076144	承运人及纳税人识别号	四通物流公司
发货人及纳税人识别号	上海木材公司 310110175015877	主管税务机关及代码	（略）
运输项目及金额	运费 50.00	其他项目及金额	
运费小计 ¥ 50.00		其他费用小计	
合计人民币（大写）伍拾元整			

运输单位盖章：四通物流公司 发票专用章

开票人：徐明达

第一联 发票联

收 料 单

编号：01511

供料单位：上海木材公司　　2011 年 12 月 23 日　　存放地点：仓库

货号	品名	规格	单位	应收数量	实收数量	单价	金额
	三夹板		张	50	50	42.93	2 146.50
	合　计						2 146.50

收料人：宋昌升

第 61 笔经济业务

托收凭证（付款通知）　5

委托日期 2011 年 12 月 20 日　　付款期限 2011 年 12 月 23 日

业务类型	委托收款（□邮划□ 电划）　托收承付（□邮划☑ 电划）		
付款人 全称	静安商贸有限公司	收款人 全称	厦门服装厂
账号	110108213780	账号	140571226933
开户银行	工行静安支行	开户银行	工行厦门支行

金额　人民币（大写）贰拾柒万肆仟壹佰叁拾壹元贰角整　　¥ 274131.20

款项名称	货款及运费	托收凭证名称	托收承付	附寄单证张数	

商品发运情况　　　　合同名称号码

备注：付款人开户银行收到日期 2011 年 12 月 23 日　复核　记账

付款人开户银行签章：中国工商银行上海市分行 静安支行 2011.12.23

付款人注意：

此联付款人开户行凭已作付款人按期付款通知

福建省增值税专用发票

编号：867322

发票联

开票日期：2011年12月20日

购货单位	名称：静安商贸有限公司	密码区	（略）
	纳税人识别号：310110125076144		
	地址：静安区南京西路1025号		
	电话：63557788		
	开户行及账号：工行静安支行 110108213780		

货物或应税劳务名称	规格型号	单位	数量	单价	金额	税率	税额
男牛仔裤		条	1 600	68.60	109 760.00	17％	18 659.20
女牛仔裤		条	2 000	61.80	123 600.00	17％	21 012.00
合　计					233 360.00		39 671.20

价税合计（大写）　贰拾柒万叁仟零叁拾壹元贰角　　　（小写）￥273 031.20

销货单位	名称：厦门服装厂	备注	
	纳税人识别号：（略）		
	地址：（略）		
	电话：（略）		
	开户行及账号：工行厦门支行 140571226933		

收款人：　　复核：陈 萍　　开票人：沈 明　　销货单位盖章：厦门服装厂发票专用章

公路、内河货物运输业统一发票

编号：510451

发票联

开票日期：2011年12月20日

收货人及纳税人识别号	静安商贸有限公司 310110125076144	承运人及纳税人识别号	厦门物流公司 （略）
发货人及纳税人识别号	厦门服装厂 140571226933	主管税务机关及代码	（略）
运输项目及金额	运费 1 100.00	其他项目及金额	
运费小计￥1 100.00		其他费用小计（小写）	
合计人民币（大写）　壹仟壹佰元整			

运输单位盖章：厦门物流公司发票专用章　　　　开票人：钟 兴

收 货 单

编号：198804

供货单位：厦门服装厂　　　2011 年 12 月 23 日　　　存放地点：批发部仓库

货号	品名	规格	单位	应收数量	实收数量	单价	金额
	男牛仔裤		条	1 600	1 600	68.60	109 760.00
	女牛仔裤		条	2 000	2 000	61.80	123 600.00
合计							233 360.00

商品类别：男装类、女装类

入库联

收货人：刘 蕾

第 62 笔经济业务　　填制进账单，见三、"发生的经济业务需要会计填制的原始凭证和票据"。

第 63 笔经济业务　　签发转账支票，见三、"发生的经济业务需要会计填制的原始凭证和票据"。

上海市增值税专用发票

编号：201376

发 票 联

开票日期：2011 年 12 月 23 日

购货单位	名　　称：静安商贸有限公司	密码区	（略）
	纳税人识别号：310110125076144		
	地　　址：静安区南京西路 1025 号		
	电　　话：63557788		
	开户行及账号：工行静安支行 110108213780		

货物或应税劳务名称	规格型号	单位	数量	单价	金额	税率	税额
货柜		只	2	480	960.00	17%	163.20
合计					960.00		163.20

价税合计（大写）：壹仟壹佰贰拾叁元贰角整　　　　　（小写）¥1 123.20

销货单位	名　　称：精艺公司	备注	
	纳税人识别号：（略）		
	地　　址：（略）		
	电　　话：（略）		
	开户行及账号：工行黄浦支行 110134561454		

第二联 发票联 购货方记账凭证

收款人：　　复核：杨 敏　　开票人：潘 平　　销货单位盖章：精艺公司 发票专用章

公路、内河货物运输业统一发票

编号：97825

发 票 联

开票日期：2011年12月23日

收货人及纳税人识别号	静安商贸有限公司 310110125076144	承运人及纳税人识别号	迅达运输公司 310127965904762
发货人及纳税人识别号	精艺公司 310157612784901	主管税务机关及代码	（略）
运输项目及金额	运费 60.00	其他项目及金额	
运费小计￥	60.00	其他费用小计（小写）	
合计人民币（大写）	陆拾元整		

运输单位盖章：迅达运输公司发票专用章

开票人：欧阳新

收 料 单

2011年12月23日

编号：01512

供货单位：精艺公司　　　　　　　　存放地点：仓库

货号	品名	规格	单位	应收数量	实收数量	单价	金额
	货柜		只	2	2	507.90	1 015.80
	合计						1 015.80

收料人：王冲

第64笔经济业务

领 料 单

2011年12月24日

编号：05439

领用部门名称及规格	商场百货柜			
	单位	数量	单价	金额
货柜	只	2	507.90	1 015.80
合计				1 015.80

领用人：赵军

第65笔经济业务

收 货 单

2011年12月24日

编号：198804

供货单位：上海服装厂　　　　　　　　存放地点：批发部仓库

货号	品名	规格	单位	应收数量	实收数量	单价	金额
	男呢大衣		件	300	300	289.50	86 850.00
	女呢大衣		件	250	250	262.20	65 550.00
	女时装		套	425	425	206.00	87 550.00
	合计						239 950.00

商品类别：男装类 86 850 元、女装类 153 100 元

收货人：刘蕾

第66笔经济业务

上海市增值税专用发票

记 账 联

编号：237757

开票日期：2011年12月24日

购货单位	名　　称：南京服装公司					密码区			
	纳税人识别号：（略）						（略）		
	地　　址：（略）								
	电　　话：（略）								
	开户行及账号：工行南京支行 150163211369								

货物或应税劳务名称	规格型号	单位	数 量	单 价	金 额	税 率	税 额
男呢茄克衫		件	150	195.00	29 250.00	17%	4 972.50
男牛仔裤		条	720	75.00	54 000.00	17%	9 180.00
女时装		套	160	225.00	36 000.00	17%	6 120.00
合　计					¥119 250.00		¥20 272.50
价税合计（大写）	壹拾叁万玖仟伍佰贰拾贰元伍角整					(小写)¥139 522.50	

销货单位	名　　称：静安商贸有限公司	备注
	纳税人识别号：310110125076144	
	地　　址：静安区南京西路1025号	
	电　　话：63557788	
	开户行及账号：工行静安支行 110108213780	

收款人：　　　复核：　　　开票人：陈 红　　　销货单位盖章：静安商贸有限公司 发票专用章

第67笔经济业务 签发商业承兑汇票，见三、"发生的经济业务需要会计填制的原始凭证和票据"。

浙江省增值税专用发票

发 票 联

编号：665303

开票日期：2011年12月24日

购货单位	名　　称：静安商贸有限公司					密码区			
	纳税人识别号：310110125076144						（略）		
	地　　址：静安区南京西路1025号								
	电　　话：63557788								
	开户行及账号：工行静安支行 110108213780								

货物或应税劳务名称	规格型号	单位	数 量	单 价	金 额	税 率	税 额
男呢夹克衫		件	300	178.90	53 670.00	17%	9 123.90
女时装		套	500	206.00	103 000.00	17%	17 510.00
合　计					¥156 670.00		¥26 633.90
价税合计（大写）	壹拾捌万叁仟叁佰零叁元玖角整					(小写)¥183 303.90	

销货单位	名　　称：宁波服装厂	备注
	纳税人识别号：（略）	
	地　　址：（略）	
	电　　话：（略）	
	开户行及账号：工行宁波支行 120250768125	

收款人：　　　复核：王明立　　　开票人：赵康丽　　　销货单位盖章：宁波服装厂 发票专用章

公路、内河货物运输业统一发票

编号：09398

发 票 联

开票日期：2011 年 12 月 24 日

收货人及纳税人识别号	静安商贸有限公司 310110125076144	承运人及纳税人识别号	宁波运输公司 （略）
发货人及纳税人识别号	宁波服装厂 （略）	主管税务机关及代码	（略）
运输项目及金额	运费 580.00	其他项目及金额	
运费小计¥580.00		其他费用小计(小写)	
合计人民币(大写) 伍佰捌拾元整			

运输单位盖章：宁波运输公司 发票专用章

开票人：高兴明

第一联 发票联

收 货 单

编号：198805

供货单位：宁波服装厂　　2011 年 12 月 24 日　　存放地点：批发部仓库

货号	品名	规格	单位	应收数量	实收数量	单价	金额
	男呢夹克衫		件	300	300	178.90	53 670.00
	女时装		套	500	500	206.00	103 000.00
合　计							156 670.00

商品类别：男装类、女装类

结算联

收货人：刘蕾

第68笔经济业务

收 货 单

编号：375214

收货部门：食品组　　2011 年 12 月 25 日　　供货单位：福建土产公司

商品名称	购进价格				零售价格				进销差价
	单位	数量	单价	金额	单位	数量	单价	金额	
香　菇	千克	1 398	56.20	78 567.60	千克	1 398	80.00	111 840.00	33 272.40
桂　圆	千克	680	55.10	37 468.00	千克	680	78.00	53 040.00	15 572.00
合　计				116 035.60				164 880.00	48 844.40

入库联

收货人：张丽

商品购进短缺溢余报告单

编号：03781

2011 年 12 月 25 日

货号	品名	单位	应收数量	实收数量	单价	短缺		溢余	
						数量	金额	数量	金额
	香菇	千克	1 400	1 398	56.20	2	112.40		
合　　计						2	112.40		

供货单位：福建土产公司　　　　　　　　　处理意见：　　　　溢余或短缺原因：

专用发票号码：782135　　　　　　　　　　　　　　　　　　　待查

记账联

制单：张　丽

第69笔经济业务

上海市增值税专用发票

编号：126793

发　票　联

开票日期：2011 年 12 月 25 日

购货单位	名　　称：静安商贸有限公司
	纳税人识别号：310110125076144
	地　　址：静安区南京西路1025号
	电　　话：63557788
	开户行及账号：工行静安支行　110108213780

密码区：（略）

货物或应税劳务名称	规格型号	单位	数量	单价	金额	税率	税额
电　力		千瓦时	5 000	0.54	2 700.00	17%	459.00
合　　计					2 700.00		459.00

价税合计（大写）：叁仟壹佰伍拾玖元整　　　　　　　（小写）¥3 159.00

销货单位	名　　称：上海市电力公司
	纳税人识别号：（略）
	地　　址：（略）
	电　　话：（略）
	开户行及账号：工行上海市分行　110133728645

备注

第二联　发票联　购货方记账凭证

收款人：　　复核：高晓仁　　开票人：陈　升　　销货单位盖章：上海市电力公司　发票专用章

中国工商银行上海市分行委托收款凭证（付款通知） ④专用

2011年12月25日　　　　　　　　　　　　　托收号码 657861

付款人	全称	静安商贸有限公司	收款人	全称	上海市电力公司
	账号	110108213780		账号	110133728645
	开户银行	工行静安支行		开户银行	工行市分行营业部

金额	人民币（大写）叁仟壹佰伍拾玖元整	千	百	十	万	千	百	十	元	角	分
					¥	3	1	5	9	0	0

结算原因	12月电费	合同号码	83762309

备注		上列款项已从你账户付出 中国工商银行上海市分行 静安支行 2011.12.25

此联是付款人开户银行给付款人的付款通知

第70笔经济业务

上海市增值税专用发票

编号：374521

发票联

开票日期：2011年12月25日

购货单位	名　　称：静安商贸有限公司 纳税人识别号：310110125076144 地　　址：静安区南京西路1025号 电　　话：63557788 开户行及账号：工行静安支行 110108213780	密码区	（略）

货物或应税劳务名称	规格型号	单位	数量	单价	金　额	税率	税额
自来水		立方米	150	2.48	372.00	13%	48.36
合　计					372.00		48.36

价税合计（大写）	肆佰贰拾元零叁角陆分	（小写）¥420.36

销货单位	名　　称：上海市自来水公司 纳税人识别号：（略） 地　　址：（略） 电　　话：（略） 开户行及账号：工行上海市分行 110176543089	备注	

收款人：　　复核：黄　明　　开票人：孙　红　　销货单位盖章　[上海市自来水公司 发票专用章]

第二联 发票联 购货方记账凭证

中国工商银行上海市分行委托银行收款凭证（付款通知） ④专用

委托日期：2011年12月25日

托收号码 66782

付款单位	全 称	静安商贸有限公司	收款单位	全 称	上海市自来水公司
	账 号	110108213780		账 号	110176543089
	开户银行	工行静安支行		开户银行	工行市分行营业部

金额	人民币（大写）	肆佰贰拾元零叁角陆分		千 百 十 万 千 百 十 元 角 分
				¥ 4 2 0 3 6

结算原因	12月水费	合同号码	56723298

备 注		上列款项已从你账户付出 中国工商银行上海市分行 静安支行 2011.12.25

第71笔经济业务

商品销售收入缴款单

缴款部门：服装组　　　　2011年12月25日

货款种类	张数	金　额	货款种类	张数	金　额
现金		42 760.00	信用卡签购单	2	5 320.00
其中：票面100元	402	40 200.00	转账支票	1	3 670.00
票面50元	35	1 750.00	银行本票		
票面20元	24	480.00	银行汇票		
票面10元	17	170.00			
票面5元	21	105.00			
票面2元	14	28.00			
票面1元	27	27.00			
角票					
分币					

缴款金额人民币（大写）　伍万壹仟柒佰伍拾元整

收款人：周 燕　　　　　　　　　　　　　　　缴款人：王 伟

商品销售收入缴款单

缴款部门：百货组　　　　　　2011 年 12 月 25 日

货款种类	张数	金　额	货款种类	张数	金　额
现金		37 880.00	信用卡签购单	2	4 190.00
其中：票面100元	355	35 500.00	转账支票	1	3 360.00
票面50元	29	1 450.00	银行本票		
票面20元	26	520.00	银行汇票		
票面10元	22	220.00			
票面5元	27	135.00			
票面2元	16	32.00			
票面1元	23	23.00			
角票					
分币					

缴款金额人民币（大写）　肆万伍仟肆佰叁拾元整

收款人：周　燕　　　　　　　　　　　　　　　　　缴款人：刘　琪

商品销售收入缴款单

缴款部门：食品组　　　　　　2011 年 12 月 25 日

货款种类	张数	金　额	货款种类	张数	金　额
现金		38 920.00	信用卡签购单	2	4 770.00
其中：票面100元	356	35 600.00	转账支票	1	3 990.00
票面50元	41	2 050.00	银行本票		
票面20元	30	600.00	银行汇票		
票面10元	37	370.00			
票面5元	50	250.00			
票面2元	15	30.00			
票面1元	20	20.00			
角票					
分币					

缴款金额人民币（大写）　肆万柒仟陆佰捌拾元整

收款人：周　燕　　　　　　　　　　　　　　　　　缴款人：叶新天

第四部分　经济业务及反映经济业务的原始凭证

Union Pay 银联　签购单
商户存根

特约商户名称：*静安商贸有限公司*
POS 号：*000612*
终端机号：*20759003*
特约商户编号：*102290053110594*

卡别/卡号
　5924 3781 6554 1269（*工行*）
交易类型：*消费*　有效期：*12/6*
批次号码 *673168*　查询号：*7850*
时间/日期 *11/12/25*
序号：*321962551*　授权号：*82315*
金额：￥*2 580.00*
（同意支付上述款项）

（持卡人签字）
周　洁

Union Pay 银联　签购单
商户存根

特约商户名称：*静安商贸有限公司*
POS 号：*000613*
终端机号：*20759003*
特约商户编号：*102290053110594*

卡别/卡号
　6558 7330 1532 7026（*工行*）
交易类型：*消费*　有效期：*12/8*
批次号码 *696511*　查询号：*7926*
时间/日期 *11/12/25*
序号：*321791102*　授权号：*79896*
金额：￥*1 960.00*
（同意支付上述款项）

（持卡人签字）
朱萍萍

Union Pay 银联　签购单
商户存根

特约商户名称：*静安商贸有限公司*
POS 号：*000614*
终端机号：*20759003*
特约商户编号：*102290053110594*

卡别/卡号
　9558 8010 6113 4726（*工行*）
交易类型：*消费*　有效期：*12/09*
批次号码 *681126*　查询号：*8225*
时间/日期 *11/12/25*
序号：*321693212*　授权号：*81226*
金额：￥*2 620.00*
（同意支付上述款项）

（持卡人签字）
张　江

Union Pay 银联　签购单
商户存根

特约商户名称：*静安商贸有限公司*
POS 号：*000612*
终端机号：*20759003*
特约商户编号：*102290053110594*

卡别/卡号
　6234 1130 6115 7664（*工行*）
交易类型：*消费*　有效期：*12/12*
批次号码 *788012*　查询号：*8710*
时间/日期 *11/12/25*
序号：*321981262*　授权号：*79918*
金额：￥*2 740.00*
（同意支付上述款项）

（持卡人签字）
王玉萍

Union Pay 银联　签购单
商户存根

特约商户名称：*静安商贸有限公司*
POS 号：*000613*
终端机号：*20759003*
特约商户编号：*102290053110594*

卡别/卡号
　3227 5613 7235 8016（*工行*）
交易类型：*消费*　有效期：*12/4*
批次号码 *712296*　查询号：*7998*
时间/日期 *11/12/25*
序号：*321826721*　授权号：*82371*
金额：￥*2 230.00*
（同意支付上述款项）

（持卡人签字）
刘　捷

Union Pay 银联　签购单
商户存根

特约商户名称：*静安商贸有限公司*
POS 号：*000614*
终端机号：*20759003*
特约商户编号：*102290053110594*

卡别/卡号
　6225 8821 6151 1321（*工行*）
交易类型：*消费*　有效期：*12/09*
批次号码 *736225*　查询号：*8324*
时间/日期 *11/12/25*
序号：*321962345*　授权号：*9006*
金额：￥*2 150.00*
（同意支付上述款项）

（持卡人签字）
周一人

填制解款单、汇计单和进账单，见"三、发生的经济业务需要会计填制的原始凭证和票据"。

第72笔经济业务

托收凭证（付款通知） 5

委托日期 2011 年 12 月 24 日　　付款期限 2011 年 12 月 26 日

业务类型	委托收款（□邮划 □电划）　托收承付（□邮划 ☑电划）				
付款人	全称	静安商贸有限公司	收款人	全称	宁波服装厂
	账号	110108213780		账号	120250768125
	开户银行	工行静安支行		开户银行	工行宁波支行

金额	人民币（大写）	壹拾肆万玖仟贰佰贰拾壹元捌角整	亿千百十万千百十元角分 ￥ 1 4 9 2 2 1 8 0

款项名称	货款及运费	托收凭证名称	商业承兑汇票	附寄单证张数	2

商品发运情况		合同名称号码	

备注：付款人开户银行收到日期　2011 年 12 月 26 日　复核　记账	付款人开户银行签章：中国工商银行上海市分行 静安支行 2011.12.26	付款人注意：

此联付款人开户行凭已作付款人按期付款通知

第73笔经济业务

上海市电信有限公司

编号 126581

2011 年 12 月 31 日

客户名称：静安商贸有限公司		
市话月租费：　35.00 元	区内通话费：2750 次　275.00 元	
国内通话费：45 次　492 分　246.00 元		
应付人民币（大写）：伍佰伍拾陆元整		￥556.00

委托银行收款凭证(付款通知)

④ 专用　　托收号码 662378

委托日期 2011 年 12 月 26 日

付款人	全称	静安商贸有限公司	收款人	全称	上海市电信有限公司
	账号	110108213780		账号	110133729036
	开户银行	工行静安支行		开户银行	工行市分行营业部

金额	人民币(大写)	伍佰伍拾陆元整				千	百	十	万	千	百	十	元	角	分
										¥	5	5	6	0	0

结算原因	12月电信费	合同号码		附寄单证张数	1

上列款项已从你账户付出

中国工商银行上海市分行
营业部 2011.12.26

此联是付款人开户银行给付款人的付款通知

第74笔经济业务

中国工商银行上海市分行静安支行贷款计付利息清单(付款通知)

单位名称：静安商贸有限公司　　2011 年 12 月 26 日

结算户账号	110108213780	计息起讫日	2011 年 9 月 25 日至 2011 年 12 月 25 日
计息户账号	110108213780	计息总积数	(略)
年利率	5.85%	利息金额	¥17 550.00
摘要：贷款利息			

你单位上述贷款利息已付出你账户

此致
贷款单位

中国工商银行上海市分行
静安支行 2011.12.26

第75笔经济业务

中国工商银行上海市分行静安支行存款计收利息清单(收款通知)

单位名称：静安商贸有限公司　　2011 年 12 月 26 日

结算户账号	110108213780	计息起讫日	2011 年 9 月 25 日至 2011 年 12 月 25 日
计息户账号	110108213780	计息总积数	(略)
年利率	0.60%	利息金额	¥1 248.00
摘要：存款利息			

你单位上述存款利息已收入你账户

此致
存款单位

中国工商银行上海市分行
静安支行 2011.12.26

第76笔经济业务　填制电汇凭证，见三、"需要填制的记账凭证和票据"。

中国工商银行 托收承付 结算 全部 拒绝付款理由书（代通知或收账通知） 4
委托收款 部分

拒付日期 2011 年 12 月 26 日　　　　原托收号码：37621

付款人	全称	昆明服装公司		收款人	全称	静安商贸有限公司
	账号	250205172926			账号	110108213780
	开户银行	工行昆明支行	行号		开户银行	工行静安支行	行号

| 托收金额 | 127 878.50 | 拒付金额 | 11 056.50 | 部分付款金额 | 千百十万千百十元角分 ¥ 1 1 6 8 2 2 0 0 |

| 附寄单证 | 张 | 部分付款金额（大写） | 壹拾壹万陆仟捌佰贰拾贰元整 |

拒付理由：
30 件男呢大衣质量不符要求

昆明服装公司
付款人盖章

此联银行给收款人作收账通知或全部拒付通知书

上海市增值税专用发票
记 账 联

编号：237758

开票日期：2011 年 12 月 26 日

购货单位	名　称：昆明服装公司
	纳税人识别号：（略）
	地　址：（略）
	电　话：（略）
	开户行及账号：工行昆明支行 250205172926

密码区　（略）

货物或应税劳务名称	规格型号	单位	数量	单价	金额	税率	税额
男呢大衣		件	30	315.00	9 450.00	17%	1 606.50
合　计					9 450.00		1 606.50

价税合计（大写）： 壹万壹仟零伍拾陆元伍角整　　　（小写）¥ 11 056.50

销货单位	名　称：静安商贸有限公司
	纳税人识别号：310110125076144
	地　址：静安区南京西路 1025 号
	电　话：63557788
	开户行及账号：工行静安支行 110108213780

备注

收款人：　　复核：　　开票人：陈 红　　销货单位盖章：静安商贸有限公司 发票专用章

第三联 记账联 销货方记账凭证

公路、内河货物运输业统一发票

编号：276593

发 票 联

开票日期：2011 年 12 月 26 日

收货人及 纳税人识别号	静安商贸有限公司 310110125076144	承运人及 纳税人识别号	云南物流公司 （略）
发货人及 纳税人识别号	昆明服装公司 （略）	主管税务机关 及代码	（略）
运输项目 及金额	运费 50.00	其他项目 及金额	
运费小计￥50.00		其他费用小计（小写）	
合计人民币（大写） 伍拾元整			

运输单位盖章：云南物流公司发票专用章 开票人：刘云飞

第一联 发票联

第 77 笔经济业务

中国工商银行上海市分行
电子报税付款通知

编号：000901

开户银行：工行静安支行　　扣款日期：2011 年 12 月 26 日　　收款国库：国家金库上海市静安

纳税人代码		税务征收机关	
纳税人全称	静安商贸有限公司	银行账号	110108213780
纳税流水号	税　　种	税款所属时间	实 缴 税 额
	所得税	2011 年 12 月 1～31 日	12 500.00
	增值税		
	营业税		
	城市维护建设税		
	教育费附加		
合计金额	（大写）壹万贰仟伍佰元整		￥12 500.00
本付款通知经与银行对账单记录核对一致有效。		上述税款已经扣款，请与银行对账单核对一致。 扣款银行（盖章） 中国工商银行上海市分行 静安支行 2011.12.26	

第78笔经济业务

上海市增值税专用发票

编号：542268

发 票 联

开票日期：2011年12月29日

购货单位	名　　　称：静安商贸有限公司
	纳税人识别号：310110125076144
	地　　　址：静安区南京西路1025号
	电　　　话：63557788
	开户行及账号：工行静安支行 110108213780

密码区：（略）

货物或应税劳务名称	规格型号	单位	数量	单价	金额	税率	税额
男呢大衣		件	30	289.80	8 694.00	17%	1 477.98
合　计					8 694.00		1 477.98

价税合计（大写）：壹万零壹佰柒拾壹元玖角捌分　　（小写）¥10 171.98

销货单位	名　　　称：上海服装厂
	纳税人识别号：（略）
	地　　　址：（略）
	电　　　话：（略）
	开户行及账号：工行南市支行 110159261387

备注：

收款人：　　　复核：俞学胜　　　开票人：张立　　　销货单位盖章：上海服装厂发票专用章

进 货 退 出 单

编号：01711

供货单位：上海服装厂　　　2011年12月29日　　　存放地点：批发部仓库

货号	品名	规格	单位	应退数量	实退数量	单价	金额
男呢大衣			件	30	30	289.80	8 694.00

商品类别：男装类

收货人：刘蕾

第79笔经济业务

商品盘点短缺溢余报告单

编号：0376

部门：百货组　　　　　　2011年12月29日

账存金额	363 632.00	溢余金额		短缺或溢余原因	销货差错	记账联
实存金额	363 575.40	短缺金额	56.60			
	上月本柜组差价率		26.68%			
溢余商品差价		溢余商品进价				
短缺商品差价	15.10	短缺商品进价	41.50			
领导批复		部门意见	要求作企业损失处理			

商品盘点短缺溢余报告单

编号：0377

部门：食品组　　　　　　2011年12月29日

账存金额	478 275.80	溢余金额	78.80	短缺或溢余原因	自然升溢	记账联
实存金额	478 354.60	短缺金额				
	上月本柜组差价率		28.10%			
溢余商品差价	22.14	溢余商品进价	56.66			
短缺商品差价		短缺商品进价				
领导批复		部门意见	要求作企业收益处理			

第80笔经济业务

商品购进短缺溢余报告单

编号：0126

2011年12月29日

货号	品名	单位	应收数量	实收数量	单价	短缺		溢余	
						数量	金额	数量	金额
	香菇	千克	1 400	1 398	56.20	2	112.40		
合计									

供货单位：福建土产公司　　　处理意见：　　　溢余或短缺原因：

专用发票号码：782135　　　　同意核销　　　　自然损耗

制单：张 丽

第81笔经济业务

托收凭证（付款通知） 5

委托日期 2011 年 12 月 25 日　　付款期限 2011 年 12 月 29 日

业务类型	委托收款（□邮划 □电划） 托收承付（□邮划 ☑电划）				
付款人	全称	静安商贸有限公司	收款人	全称	江西羽绒服厂
	账号	110108213780		账号	161278914321
	开户银行	工行静安支行		开户银行	工行九江支行
金额	人民币（大写）壹拾壹万捌仟玖佰陆拾壹元捌角捌分			亿千百十万千百十元角分 ¥ 1 1 8 9 6 1 8 8	
款项名称	货款及运费	托收凭证名称	托收承付	附寄单证张数	2
商品发运情况			合同名称号码		

备注：　　　　　　　付款人开户银行签章：　　　付款人注意：

付款人开户银行收到日期

2011年12月29日

复核　　　记账

中国工商银行上海市分行
静安支行 2011.12.29

此联付款人开户行凭已作付款人按期付款通知

江西省增值税专用发票

编号：564327

发 票 联

开票日期：2011 年 12 月 25 日

购货单位	名　　称	静安商贸有限公司				密码区		(略)	
	纳税人识别号：	310110125076144							
	地　　址：	静安区南京西路1025号							
	电　　话：	63557788							
	开户行及账号：	工行静安支行							

货物或应税劳务名称	规格型号	单位	数量	单价	金额	税率	税额
男羽绒服		件	200	241.10	48 220.00	17%	8 197.40
女羽绒服		件	240	220.60	52 944.00	17%	9 000.48
合　计					101 164.00		17 197.88

价税合计（大写）	壹拾壹万捌仟叁佰陆拾壹元捌角捌分	（小写）¥118 361.88

销货单位	名　　称	江西羽绒服厂	备注	
	纳税人识别号：	（略）		
	地　　址：	（略）		
	电　　话：	（略）		
	开户行及账号：	工行九江支行 161278914321		

收款人：　　　复核：张立开　　　开票人：胡静　　　销货单位盖章：江西羽绒服厂 发票专用章

公路、内河货物运输业统一发票

编号：132765

发 票 联

开票日期：2011 年 12 月 25 日

收货人及纳税人识别号	静安商贸有限公司 310110125076144	承运人及纳税人识别号	九江运输公司（略）
发货人及纳税人识别号	江西羽绒服厂（略）	主管税务机关及代码	（略）
运输项目及金额	运费 600.00	其他项目及金额	
运费小计 ¥600.00		其他费用小计（小写）	
合计人民币（大写）	陆佰元整		

运输单位盖章：九江运输公司 发票专用章　　　开票人：华明敏

收 货 单

编号：198806

供货单位：江西羽绒服厂　　　2011年12月29日　　　存放地点：批发部仓库

货 号	品 名	规 格	单 位	应收数量	实收数量	单 价	金 额
	男羽绒服		件	200	200	241.10	48 220.00
	女羽绒服		件	240	240	220.60	52 944.00
合 计							101 164.00

结算联

商品类别　男装类、女装类

收货人：刘 蕾

第82笔经济业务

商品盘点短缺溢余报告单

编号：0376

部门：百货组　　　2011年12月29日

账存金额	363 632.00	溢余金额	
实存金额	363 575.40	短缺金额	56.60
上月本柜组差价率			26.68%
溢余商品差价		溢余商品进价	
短缺商品差价	15.10	短缺商品进价	41.50
领导批复		部门意见	要求作企业损失处理

短缺或溢余原因：销货差错

核销联

审核人：赵 阳　　　制单人：孙红梅

商品盘点短缺溢余报告单

编号：0377

部门：食品组　　　2011年12月29日

账存金额	478 275.80	溢余金额	78.80
实存金额	478 354.60	短缺金额	
上月本柜组差价率			28.16%
溢余商品差价	22.14	溢余商品进价	56.66
短缺商品差价		短缺商品进价	
领导批复		部门意见	要求作企业收益处理

短缺或溢余原因：自然升溢

核销联

审核人：陈小明　　　制单人：张 丽

第83笔经济业务

收 货 单

编号：198804

供货单位：厦门服装厂　　　　2011年12月30日　　　　存放地点：批发部仓库

货号	品名	规格	单位	应收数量	实收数量	单价	金额
	男牛仔裤		条	1 600	1 600	68.60	109 760.00
	女牛仔裤		条	2 000	2 000	61.80	123 600.00
	合计						233 360.00

商品类别　男装类、女装类

入库联

收货人：刘蕾

第84笔经济业务

低值易耗品报废申请单

编号：0132

2011年12月30日

名称及规格	数量	单位成本	总成本	已摊销金额	账面净值	报废原因
办公桌	1	510	510	255	255	损坏
领导审批意见	同意					

会计主管：蔡一敏　　　　　　　　　　制单：赵明

收 料 单

编号：01512

供货单位：总务部门　　　　2011年12月30日　　　　存放地点：仓库

货号	品名	规格	单位	应收数量	实收数量	单价	金额
	报废办公桌			1	1	15.00	15.00
	合计						15.00

入库联

收料人：孔亮

第85笔经济业务

中国工商银行上海市分行静安支行贷款凭证（回单）③

日期：2011年12月30日

借款人	名称	静安商贸有限公司	收款人	名称	静安商贸有限公司
	放款户账号	110108213780		往来户账号	110108213780
	开户银行	工行静安支行		开户银行	工行静安支行

借款期限（最后还款日）	3个月	借款计划指标	
借款申请金额	人民币（大写）壹拾伍万元整		十亿 千百 十万 千百 十 元 角 分 ¥ 1 5 0 0 0 0 0 0
借款原因及用途	临时借款充实流动资金	银行核定金额	十亿 千百 十万 千百 十 元 角 分 ¥ 1 5 0 0 0 0 0 0

期限	计划还款日期	√	计划还款金额	分次还款记录	期次	还款日期	还款金额	结 欠
1								
2								
3								
4								

备注：

上述借款业已同意贷给并转入你单位往来户账，借款到期时应按期归还。此致
借款单位
（银行盖章）中国工商银行上海市分行 静安支行 2011.12.30

此联系核定放款回单代借款人收款通知

第86笔经济业务

上海市增值税专用发票

编号：237759

记 账 联

第三联 记账联 销货方记账凭证

开票日期：2011年12月30日

购货单位	名 称：长宁商厦	密码区	（略）
	纳税人识别号：（略）		
	地 址：（略）		
	电 话：（略）		
	开户行及账号：工行长宁支行 110112673525		

货物或应税劳务名称	规格型号	单位	数量	单价	金额	税率	税额
男皮夹克		件	150	840.00	126 000.00	17%	21 420
合 计					¥126 000.00		¥21 420

价税合计（大写）：壹拾肆万柒仟肆佰贰拾元整　　（小写）¥147 420.00

销货单位	名 称：静安商贸有限公司	备注	
	纳税人识别号：310110125076144		
	地 址：静安区南京西路1025号		
	电 话：63557788		
	开户行及账号：工行静安支行 110108213780		

收款人：　　复核：江海平　　开票人：陈 红　　销货单位盖章：静安商贸有限公司 发票专用章

受托代销商品出库单

编号：0125

供货单位：长宁商厦　　　2011年12月30日　　　存放地点：批发部仓库

货号	品名	规格	单位	应出数量	实出数量	单价	金额
	男皮夹克		件	150	150	750.00	112 500.00
	合计						112 500.00

记账联

出库人：孙　敏

第87笔经济业务

上海市服务业统一发票

记　账　联

编号：685320

付款单位(个人)：苏堤公司　　　2011年12月30日

经营项目	单位	数量	单价	金额							
				十万	万	千	百	十	元	角	分
营业场地租金	平方米	80	150.00		1	2	0	0	0	0	0
合计金额(大写) 壹万贰仟元整			¥		1	2	0	0	0	0	0

收款单位：静安商贸有限公司
税务登记号：310110125076144

开户银行及账号　工行静安支行 110108213780

收款单位(盖章有效)：静安商贸有限公司 发票专用章

收款人：周　敏　　　开票人：王　英

第二联 记账联

第88笔经济业务

收　货　单

编号：37521

收货部门：百货组　　　2011年12月30日　　　供货单位：利华公司

商品名称	购进价格			零售价格				进销差价
	单位	数量	单价	金额	单位	数量	单价	金额	
力士洗衣露	箱	200	278.00	55 600.00	瓶	2 400	32.00	76 800.00	21 200.00
力士沐浴露	箱	150	188.00	28 200.00	瓶	1 800	22.00	39 600.00	11 400.00
力士香皂	箱	200	88.00	17 600.00	块	12 000	2.10	25 200.00	7 600.00
合计				101 400.00				141 600.00	40 200.00

入库联

收货人：孙红梅

第89笔经济业务

存货可变现净值低于成本报告单

编号：092

填报部门：批发部　　　　　　2011 年 12 月 30 日

品名	规格	计量单位	成本单价	可变现单价	单位减值额	结存数量	减值金额	减值原因
女时装		套	207.00	160.00	47.00	30	1 410.00	式样陈旧
合计	—	—	—	—	—	—	1 410.00	—

审核：蔡一敏　　　　　　制表人：刘蕾

第90笔经济业务

中华人民共和国
印花税票销售凭证

编号：378621

2011 年 12 月 30 日

购买单位	静安商贸有限公司					
购买印花税票							
面值种类	数量	金额	面值种类	数量	金额
伍拾元	1	50.00			
伍元	5	25.00			
			总计	6	￥75.00
金额总计（大写）	柒拾伍元整					
销售单位（章）	静安区税务局收款专用章	售票人（章）		备注	

第91笔经济业务

固定资产报废申请单

编号：016

2011 年 12 月 30 日

固定资产名称	数量	原值	已提折旧额	账面净值	报废原因
叉车	1	49 600.00	45 200.00	4 400.00	无法使用
领导审批意见	同意				

会计主管：蔡一敏　　　　　　制单：赵明

第92笔经济业务

商品销售收入缴款单

缴款部门：服装组　　　　　2011 年 12 月 31 日

货款种类	张　数	金　额	货款种类	张　数	金　额
现金		51 210.00	信用卡签购单	3	7 860.00
其中：票面100元	474	47 400.00	转账支票	1	8 910.00
票面 50 元	50	2 500.00	银行本票		
票面 20 元	30	600.00	银行汇票		
票面 10 元	40	400.00			
票面　5 元	45	225.00			
票面　2 元	25	50.00			
票面　1 元	35	35.00			
角票					
分币					

缴款金额人民币(大写) **陆万柒仟玖佰捌拾元整**

收款人：周　燕　　　　　　　　　　　　　　缴款人：王　伟

商品销售收入缴款单

缴款部门：百货组　　　　　2011 年 12 月 31 日

货款种类	张　数	金　额	货款种类	张　数	金　额
现金		72 900.00	信用卡签购单	3	6 710.00
其中：票面100元	677	67 700.00	转账支票	1	9 750.00
票面 50 元	66	3 300.00	银行本票		
票面 20 元	40	800.00	银行汇票		
票面 10 元	73	730.00			
票面　5 元	50	250.00			
票面　2 元	36	72.00			
票面　1 元	48	48.00			
角票					
分币					

缴款金额人民币(大写) **捌万玖仟叁佰陆拾元整**

收款人：周　燕　　　　　　　　　　　　　　缴款人：刘　琪

商品销售收入缴款单

缴款部门：食品组　　　　　2011 年 12 月 31 日

货款种类	张 数	金　　额	货款种类	张 数	金　　额
现金		65 400.00	信用卡签购单	2	5 590
其中：票面100元	611	61 100.00	转账支票	1	7 660
票面 50 元	55	2 750.00	银行本票		
票面 20 元	35	700.00	银行汇票		
票面 10 元	51	510.00			
票面 5 元	48	240.00			
票面 2 元	32	64.00			
票面 1 元	36	36.00			
角票					
分币					

缴款金额人民币（大写）柒万捌仟陆佰伍拾元整

收款人：周　燕　　　　　　　　　　　　　　　　　缴款人：叶新天

Union Pay 银联　签购单

商户存根

特约商户名称：静安商贸有限公司
POS 号：000612
终端机号：20759003
特约商户编号：102290053110594

卡别/卡号
　　7225 6160 3426 9102（工行）
交易类型：消费　　有效期：12/9
批次号码 355712　查询号：1012
时间/日期 11/12/31
序号：325031726　授权号：8711
金额：￥1 980.00

（同意支付上述款项）

（持卡人签字）
　　　杨志方

Union Pay 银联　签购单

商户存根

特约商户名称：静安商贸有限公司
POS 号：000613
终端机号：20759003
特约商户编号：102290053110594

卡别/卡号
　　6234 9030 1725 3046（工行）
交易类型：消费　　有效期：12/12
批次号码 356126　查询号：1294
时间/日期 11/12/31
序号：325063198　授权号：8922
金额：￥2 390.00

（同意支付上述款项）

（持卡人签字）
　　　蒋　洪

Union Pay 银联 签购单

商户存根

特约商户名称：静安商贸有限公司
POS号：000612
终端机号：20759003
特约商户编号：102229053110594

卡别/卡号
　6558 4320 3887 9012（工行）
交易类型：消费　　有效期：12/7
批次号码 356782　　查询号：1176
时间/日期 11/12/31
序号：325061045　授权号：8871
金额：￥2 770.00
（同意支付上述款项）

（持卡人签字）
钱因宝

Union Pay 银联 签购单

商户存根

特约商户名称：静安商贸有限公司
POS号：000613
终端机号：20759003
特约商户编号：102229053110594

卡别/卡号
　4321 6702 1958 7310（工行）
交易类型：消费　　有效期：12/10
批次号码 359812　　查询号：1071
时间/日期 11/12/31
序号：325052467　授权号：8806
金额：￥1 850.00
（同意支付上述款项）

（持卡人签字）
徐良才

Union Pay 银联 签购单

商户存根

特约商户名称：静安商贸有限公司
POS号：000614
终端机号：20759003
特约商户编号：102229053110594

卡别/卡号
　8026 7110 0531 4422（工行）
交易类型：消费　　有效期：12/3
批次号码 358896　　查询号：1266
时间/日期 11/12/31
序号：325071920　授权号：9012
金额：￥2 880.00
（同意支付上述款项）

（持卡人签字）
吴　明

Union Pay 银联 签购单

商户存根

特约商户名称：静安商贸有限公司
POS号：000612
终端机号：20759003
特约商户编号：102229053110594

卡别/卡号
　3201 5514 6789 4272（工行）
交易类型：消费　　有效期：12/12
批次号码 357220　　查询号：1315
时间/日期 11/12/31
序号：325056581　授权号：8770
金额：￥3 110.00
（同意支付上述款项）

（持卡人签字）
秦仲佰

Union Pay 银联 签购单

商户存根

特约商户名称：静安商贸有限公司
POS号：000613
终端机号：20759003
特约商户编号：102229053110594

卡别/卡号
　5264 4725 3113 9806（工行）
交易类型：消费　　有效期：12/9
批次号码 358160　　查询号：1418
时间/日期 11/12/31
序号：325077515　授权号：9198
金额：￥2 470.00
（同意支付上述款项）

（持卡人签字）
马　忠

Union Pay 银联 签购单

商户存根

特约商户名称：静安商贸有限公司
POS号：000614
终端机号：20759003
特约商户编号：102229053110594

卡别/卡号
　6546 3021 8634 9724（工行）
交易类型：消费　　有效期：12/6
批次号码 359925　　查询号：1369
时间/日期 11/12/31
序号：325074928　授权号：9126
金额：￥2 710.00
（同意支付上述款项）

（持卡人签字）
王　琳

填制解款单、汇计单和进账单,见三、"需要填制的原始凭证和票据"。

第93笔经济业务 填制进账单,见三、"需要填制的原始凭证和票据"。

固定资产清理结果报告单

编号:035

2011 年 12 月 31 日

名称及规格	固定资产原值	已提折旧金额	账面净值	收回残值款	清理净收益	清理净损失
叉车	49 600	44 200	4 400	2 980.00		1 420.00
领导审批意见	同意 熊平 2011.12.31					

会计主管:蔡一敏　　　　　　　　　　　　制单:赵 明

第94笔经济业务 填制转账支票,见"三、发生的经济业务需要会计填制的原始凭证和票据"。

出借包装物入库单

编号:0378

2011 年 12 月 31 日

归还包装物单位名称	安凯公司	
名　　称	计 量 单 位	数　　量
塑料周转箱	只	200

验收人:孙 红

第95笔经济业务

耗用原材料汇总表

编号：0336

2011年12月31日

品　名	计量单位	数　量	单　价	金　额	用　　途
柴油	升	104	5.35	556.40	仓库装卸商品
铜锁	只	1	21.00	21.00	仓库保管
日光灯管	支	2	12.00	24.00	仓库照明
日光灯管	支	10	12.00	120.00	营业
启动器	只	8	1.20	9.60	营业
复印纸	封	8	19.60	156.80	办公
墨盒	只	3	38.80	116.40	办公
圆珠笔	支	10	3.00	30.00	营业
圆珠笔芯	支	20	0.50	10.00	办公
包装带	卷	5	10.10	50.50	包装商品
塑料袋	百只	6	10.00	60.00	包装商品
拖把	只	3	12.00	36.00	清洁环境
账页	本	4	6.20	24.80	记账
信纸	本	8	4.20	33.60	办公
信封	刀	5	3.00	15.00	办公
发票	本	15	6.00	90.00	营业
合　计				1 354.10	

记账：　　　　　　复核：刘清华　　　　　制表：王　亮

第96笔经济业务

坏账损失报告单

编号：025

2011年12月31日

应收账款单位名称	长风商店	金 额	2 560.00
原　　　因	因该商店已破产，账款无法收回		
领导审批意见	同　意　　　　　　　　　　　　　2011.12.30		

第97笔经济业务

上海市增值税专用发票

编号：754693

发 票 联

开票日期：2011年12月31日

购货单位	名　　称：静安商贸有限公司	密码区	（略）
	纳税人识别号：310110125076144		
	地　　址：静安区南京西路1025号		
	电　　话：63557788		
	开户行及账号：工行静安支行 110108213780		

货物或应税劳务名称	规格型号	单位	数量	单价	金额	税率	税额
男皮夹克		件	250	750.00	187 500.00	17%	31 875.00
合　计					¥187 500.00	17%	¥31 875.00

价税合计（大写）	贰拾壹万玖仟叁佰柒拾伍元整　　　　（小写）¥219 375.00

销货单位	名　　称：海宁服装厂	备注	
	纳税人识别号：（略）		
	地　　址：（略）		
	电　　话：（略）		
	开户行及账号：工行海宁支行 120406781136		

收款人：　　复核：陈静　　开票人：王雷　　销货单位盖章：海宁服装厂发票专用章

第二联 发票联 购货方记账凭证

第98笔经济业务　无原始凭证，根据库存商品三级明细账的资料计算。

第99笔经济业务　根据库存商品二级明细账和主营业务收入明细账的资料编制已销商

品进销差价计算表。该表见"三、发生的经济业务需要会计填制的原始凭证和票据"。

第100笔经济业务 根据主营业务收入明细账的资料编制零售商品销售收入调整及销项税额计算表。该表见"三、发生的经济业务需要会计填制的原始凭证和票据"。

第101笔经济业务 根据"主营业务成本——服装组"明细账的资料编制批零商品内部调拨收益计算表。该表见"三、发生的经济业务需要会计填制的原始凭证和票据"。

第102笔经济业务

中国工商银行上海市分行静安支行（收据）

2011年12月31日

缴款人名称	静安商贸有限公司		账 号	110108213780							
收费名称	数量	单价	十万	千	百	十	元	角	分	备注	
银行汇票手续费	1	5.00					5	0	0	款项已从你单位账户转讫。银行盖章：中国工商银行上海市分行 静安支行 2011.12.31	
电汇手续费	3	12.00				3	6	0	0		
托收承付手续费	2	18.00				3	6	0	0		
委托收款手续费	2	12.50				2	5	0	0		
合 计			¥	1	0	2	0	0			
人民币（大写）	壹佰零贰元整										

此联由银行盖章后交客户

第103笔经济业务

工商银行业务委托书（收账通知） 4

日期 2011年12月30日

业务类型	☑电汇 □汇票申请书 □本票申请书 □其他_____											
申请人（汇款人）	全 称	昆山服装厂	收款人	全 称	静安商贸有限公司							
	账 号	151137812357		账 号	110108213780							
	开户银行	工行昆山支行		开户银行	工行静安支行							
金额(大写) 壹仟元整					亿	千	百	十	万	千	百	十	元	角	分
								¥	1	0	0	0	0	0
用 途	违约赔偿金		支付密码									
备 注：			上列款项已划入你方账户内。收款人开户银行签章：中国工商银行上海市分行 静安支行 2011.12.31									

此联给收款人的收账通知

上海市企业单位统一收据
记 账 联

编号：592136

交款单位：昆山服装厂　　　2011年12月31日

项　　目	金　额							备　注
	十万	万	千	百	十	元	角	分	
合同违约赔偿金		¥	1	0	0	0	0	0	
合　　计		¥	1	0	0	0	0	0	

人民币（大写）　壹仟元整

收款单位（盖章有效）：　静安商贸有限公司 发票专用章　　　收款人：王支明

第104笔经济业务　无原始凭证。

第105笔经济业务　签发转账支票，见"三、发生的经济业务需要会计填制的原始凭证和票据"。

饮食业统一发票
发 票 联

编号：478925

客户名称：静安商贸有限公司　　　2011年12月31日

品　　名	数　量	单　价	金　额						
			万	千	百	十	元	角	分
餐　费					1	2	8	6	0
合　计			¥		1	2	8	6	0

第二联 发票联

人民币（大写）　壹仟贰佰捌拾捌元陆角整

收款单位（盖章有效）：　百乐门饭店 发票专用章　　　收款：王志飞　　　开单：周洁

第106笔经济业务　签发转账支票，见"三、发生的经济业务需要会计填制的原始凭证和票据"。

上海市服务业统一发票

编号：786392

发 票 联

付款单位(个人)：**静安商贸有限公司**　　　　开票日期 2011 年 12 月 31 日

经营项目	单位	数量	单价	金额						
				万	千	百	十	元	角	分
商务咨询						3	1	9	3	8
合计金额(大写) **叁佰壹拾玖元叁角捌分**				¥		3	1	9	3	8

收款单位：浦江咨询公司　　　开户银行及账号：工行黄浦支行 110101389316
税务登记号：(略)

收款单位(盖章有效)：【浦江咨询公司 发票专用章】　　收款人：孙 琳　　开票人：周天明

第二联 发票联

第 107 笔经济业务　无原始凭证。

第 108 笔经济业务　编制固定资产折旧计算表，见"三、发生的经济业务需要会计填制的原始凭证和票据"。

第 109、110、111、112、113、114 笔经济业务　无原始凭证。

第 115 笔经济业务　无原始凭证，数据来源"应交税费——应交增值税"明细账。

第 116、117 笔经济业务　无原始凭证。

第 118 笔经济业务　无原始凭证，数据来源"在途物资"明细账。

第 119、120、121、122 笔经济业务　无原始凭证。

三、发生的经济业务需要会计填制的原始凭证和票据

(一) 支票

支票采用普通支票格式。

在普通支票左上角划两条平行线为转账支票。

未划两条平行线的为现金支票。

中国工商银行支票存根

支票号码：578621

附加信息：_____

出票日期　年　月　日

收款人：_____

金　额：_____

用　途：_____

单位主管　　　　　会计

中国工商银行 支票

支票号码：578621

付款行名称：

出票人账号：

千	百	十	万	千	百	十	元	角	分

出票日期　年　月　日

收款人：_____

人民币（大写）：_____

用途：_____

上列款项请从我账户内支付

出票人签章

本支票付款期限十天

验印：

记账：

复核：

第四部分　经济业务及反映经济业务的原始凭证　　·171·

中国工商银行 支票

支票号码：578622

付款行名称：
出票人账号：

千	百	十	万	千	百	十	元	角	分

出票日期(大写)：　　年　　月　　日
收款人：
人民币(大写)
用途
上列款项请从我账户内支付
出票人签章

记账：　　复核：　　验印：

本支票付款期限十天

中国工商银行支票存根

支票号码：578622
附加信息
出票日期：　年　月　日
收款人：
金额：
用途：
单位主管　　　会计

中国工商银行 支票

支票号码：578623

付款行名称：
出票人账号：

千	百	十	万	千	百	十	元	角	分

出票日期(大写)：　　年　　月　　日
收款人：
人民币(大写)
用途
上列款项请从我账户内支付
出票人签章

记账：　　复核：　　验印：

本支票付款期限十天

中国工商银行支票存根

支票号码：578623
附加信息
出票日期：　年　月　日
收款人：
金额：
用途：
单位主管　　　会计

第四部分　经济业务及反映经济业务的原始凭证

中国工商银行支票存根

支票号码：632905
附加信息：
出票日期　　年　月　日
收款人：
金　额：
用　途：
单位主管　　　　　　会计

中国工商银行 支票

支票号码：632905
付款行名称：
出票人账号：

千	百	十	万	千	百	十	元	角	分

出票日期（大写）　　年　月　日
收款人：
人民币（大写）
用途
上列款项请从我账户内支付
出票人签章

记账：　　复核：　　验印：

本支票付款期限十天

中国工商银行支票存根

支票号码：632906
附加信息：
出票日期　　年　月　日
收款人：
金　额：
用　途：
单位主管　　　　　　会计

中国工商银行 支票

支票号码：632906
付款行名称：
出票人账号：

千	百	十	万	千	百	十	元	角	分

出票日期（大写）　　年　月　日
收款人：
人民币（大写）
用途
上列款项请从我账户内支付
出票人签章

记账：　　复核：　　验印：

本支票付款期限十天

第四部分 经济业务及反映经济业务的原始凭证

中国工商银行 支票

支票号码：632907
付款行名称：
出票人账号：

千	百	十	万	千	百	十	元	角	分

出票日期（大写）　年　月　日
收款人：
人民币（大写）
用途：
上列款项请从我账户内支付
出票人签章

本支票付款期限十天

记账：　　复核：　　验印：

中国工商银行支票存根

支票号码：632907
附加信息：

出票日期　年　月　日
收款人：
金　额：
用　途：
单位主管　　　　　　会计

中国工商银行 支票

支票号码：632908
付款行名称：
出票人账号：

千	百	十	万	千	百	十	元	角	分

出票日期（大写）　年　月　日
收款人：
人民币（大写）
用途：
上列款项请从我账户内支付
出票人签章

本支票付款期限十天

记账：　　复核：　　验印：

中国工商银行支票存根

支票号码：632908
附加信息：

出票日期　年　月　日
收款人：
金　额：
用　途：
单位主管　　　　　　会计

第四部分　经济业务及反映经济业务的原始凭证

中国工商银行支票（支票号码：632909）

支票号码：632909
付款行名称：
出票人账号：

千万	百万	十万	万	千	百	十	元	角	分

出票日期（大写）：　年　月　日
收款人：
人民币（大写）：
用途：
上列款项请从我账户内支付
出票人签章：

记账：　　复核：　　验印：

本支票付款期限十天

中国工商银行支票存根

支票号码：632909
附加信息：
出票日期　年　月　日
收款人：
金额：
用途：
单位主管：　　会计：

中国工商银行支票（支票号码：632910）

支票号码：632910
付款行名称：
出票人账号：

千万	百万	十万	万	千	百	十	元	角	分

出票日期（大写）：　年　月　日
收款人：
人民币（大写）：
用途：
上列款项请从我账户内支付
出票人签章：

记账：　　复核：　　验印：

本支票付款期限十天

中国工商银行支票存根

支票号码：632910
附加信息：
出票日期　年　月　日
收款人：
金额：
用途：
单位主管：　　会计：

第四部分　经济业务及反映经济业务的原始凭证

中国工商银行 支票

支票号码：632911
付款行名称：
出票人账号：

出票日期(大写)　年　月　日
收款人：
人民币
(大写)

千	百	十	万	千	百	十	元	角	分

用途
上列款项请从我账户内支付
出票人签章

记账：　复核：　验印：

本支票付款期限十天

中国工商银行支票存根

支票号码：632911
附加信息：

出票日期　年　月　日
收款人：
金额：
用途：
单位主管　　会计

中国工商银行 支票

支票号码：632912
付款行名称：
出票人账号：

出票日期(大写)　年　月　日
收款人：
人民币
(大写)

千	百	十	万	千	百	十	元	角	分

用途
上列款项请从我账户内支付
出票人签章

记账：　复核：　验印：

本支票付款期限十天

中国工商银行支票存根

支票号码：632912
附加信息：

出票日期　年　月　日
收款人：
金额：
用途：
单位主管　　会计

第四部分　经济业务及反映经济业务的原始凭证　　·181·

中国工商银行 支票

支票号码：632913

付款行名称：
出票人账号：

出票日期(大写)　　年　月　日
收款人：
人民币
(大写)

千百十万千百十元角分

用途：_____
上列款项请从我账户内支付
出票人签章

记账：　　复核：　　验印：

中国工商银行支票存根

支票号码：632913
附加信息：_____
出票日期　　年　月　日
收款人：
金　额：
用　途：
单位主管　　　　会计

中国工商银行 支票

支票号码：632914

付款行名称：
出票人账号：

出票日期(大写)　　年　月　日
收款人：
人民币
(大写)

千百十万千百十元角分

用途：_____
上列款项请从我账户内支付
出票人签章

记账：　　复核：　　验印：

中国工商银行支票存根

支票号码：632914
附加信息：_____
出票日期　　年　月　日
收款人：
金　额：
用　途：
单位主管　　　　会计

本支票付款期限十天

第四部分　经济业务及反映经济业务的原始凭证

中国工商银行 支票

支票号码：632915

付款行名称：
出票人账号：

千	百	十	万	千	百	十	元	角	分

出票日期　　年　月　日
收款人：

人民币
（大写）

用途：_____

上列款项请从我账户内支付

出票人签章

本支票付款期限十天

记账：　　复核：　　验印：

中国工商银行支票存根

支票号码：632915

附加信息_____

出票日期　　年　月　日

收款人：
金　额：
用　途：
单位主管　　　　　会计

中国工商银行 支票

支票号码：632916

付款行名称：
出票人账号：

千	百	十	万	千	百	十	元	角	分

出票日期（大写）　　年　月　日
收款人：

人民币
（大写）

用途：_____

上列款项请从我账户内支付

出票人签章

本支票付款期限十天

记账：　　复核：　　验印：

中国工商银行支票存根

支票号码：632916

附加信息_____

出票日期　　年　月　日

收款人：
金　额：
用　途：
单位主管　　　　　会计

第四部分 经济业务及反映经济业务的原始凭证

中国工商银行 支票

支票号码：632917

出票日期（大写）　　年　　月　　日
收款人：
付款行名称：
出票人账号：

千	百	十	万	千	百	十	元	角	分

人民币
（大写）

用途 _____

上列款项请从我账户内支付

出票人签章

验印：

记账：

复核：

本支票付款期限十天

中国工商银行支票存根

支票号码：632917
附加信息：
出票日期　　年　　月　　日
收款人：
金　额：
用　途：
单位主管　　　　　　会计

(二)银行汇票申请书和电汇结算凭证(这两种单据均采用业务委托书)

工商银行业务委托书(回单) 1

编号:735684

日期　　年　月　日

业务类型	□电汇　　□汇票申请书　　□本票申请书　　□其他_____			
申请人(汇款人)	全　　称		收款人	全　　称
	账号或地址			账号或地址
	开户银行			开户银行
金额(大写)			亿千百十万千百十元角分	
用途		支付密码		
		附加信息:		
银行签章				

第一联 回单联

工商银行业务委托书(回单) 1

编号:126559

日期　　年　月　日

业务类型	□电汇　　□汇票申请书　　□本票申请书　　□其他_____			
申请人(汇款人)	全　　称		收款人	全　　称
	账号或地址			账号或地址
	开户银行			开户银行
金额(大写)			亿千百十万千百十元角分	
用途		支付密码		
		附加信息:		
银行签章				

第一联 回单联

工商银行业务委托书(回单) 1　　编号：378110

日期　　年　月　日

业务类型	□电汇	□汇票申请书	□本票申请书	□其他_____

申请人(汇款人)	全　称		收款人	全　称	
	账号或地址			账号或地址	
	开户银行			开户银行	

金额(大写)		亿	千	百	十	万	千	百	十	元	角	分

用途		支付密码	

附加信息：

银行签章

第一联　回单联

工商银行业务委托书(回单) 1　　编号：421953

日期　　年　月　日

业务类型	□电汇	□汇票申请书	□本票申请书	□其他_____

申请人(汇款人)	全　称		收款人	全　称	
	账号或地址			账号或地址	
	开户银行			开户银行	

金额(大写)		亿	千	百	十	万	千	百	十	元	角	分

用途		支付密码	

附加信息：

银行签章

第一联　回单联

(三) 托收承付结算凭证

托 收 凭 证（回单） 1

编号：517832

| 委托日期 | 年 月 日 | 付款期限 年 月 日 |

业务类	委托收款(□邮划□ 电划) 托收承付(□邮划□电划)											
付款人	全 称			收款人	全 称							
	账 号				账 号							
	开户银行				开户银行							
金额	人民币（大写）					亿	千	百	十	万	千	百	十	元	角	分
款项名称		托收凭证名 称			附寄单证张数							
商品发运情况			合同名称号码									
备注：												

此联是收款人开户银行给收款人的回单

托 收 凭 证（回单） 1

编号：561207

| 委托日期 | 年 月 日 | 付款期限 年 月 日 |

业务类	委托收款(□邮划□ 电划) 托收承付(□邮划□电划)											
付款人	全 称			收款人	全 称							
	账 号				账 号							
	开户银行				开户银行							
金额	人民币（大写）					亿	千	百	十	万	千	百	十	元	角	分
款项名称		托收凭证名 称			附寄单证张数							
商品发运情况			合同名称号码									
备注：												

此联是收款人开户银行给收款人的回单

（四）商业承兑汇票

商业承兑汇票（存根） 3

出票日期（大写）　　　　年　　月　　日　　　　编号：671230

付款人	全　称		收款人	全　称	
	账　号			账　号	
	开户银行			开户银行	

出票金额	人民币（大写）	亿 千 百 十 万 千 百 十 元 角 分
汇票到期日（大写）		付款人开户行　行号　地址
交易合同号码		
备注：		

此联承兑人存查

商业承兑汇票（存根） 3

出票日期（大写）　　　　年　　月　　日　　　　编号：671231

付款人	全　称		收款人	全　称	
	账　号			账　号	
	开户银行			开户银行	

出票金额	人民币（大写）	亿 千 百 十 万 千 百 十 元 角 分
汇票到期日（大写）		付款人开户行　行号　地址
交易合同号码		
备注：		

此联承兑人存查

(五) 现金解款单

中国工商银行上海市(静安支行)现金解款单(回单) ①

年　　月　　日

款项来源		收款人	全　称												此联由银行盖章后退解款人
解款部门			账　号												
人民币 (大写):				千	百	十	万	千	百	十	元	角	分		
票　面	张数	票面	张数	种类	百	十	元	角	分						
一百元		五元		五角											
五十元		二元		二角						(收款银行盖章)					
二十元		一元		一角											
十　元				分币											

中国工商银行上海市(静安支行)现金解款单(回单) ①

年　　月　　日

款项来源		收款人	全　称												此联由银行盖章后退解款人
解款部门			账　号												
人民币 (大写):				千	百	十	万	千	百	十	元	角	分		
票　面	张数	票面	张数	种类	百	十	元	角	分						
一百元		五元		五角											
五十元		二元		二角						(收款银行盖章)					
二十元		一元		一角											
十　元				分币											

中国工商银行上海市(静安支行)现金解款单(回单) ①

年　　月　　日

款项来源		收款人	全　称												此联由银行盖章后退解款人
解款部门			账　号												
人民币 (大写):				千	百	十	万	千	百	十	元	角	分		
票　面	张数	票面	张数	种类	百	十	元	角	分						
一百元		五元		五角											
五十元		二元		二角						(收款银行盖章)					
二十元		一元		一角											
十　元				分币											

中国工商银行上海市（静安支行）现金解款单（回单） ①

年　月　日

款项来源		收款人	全　称										
解款部门			账　号										
人民币（大写）：				千	百	十	万	千	百	十	元	角	分

票　面	张数	票面	张数	种类	百	十	元	角	分
一百元		五元		五角					
五十元		二元		二角					
二十元		一元		一角					
十　元				分币					

（收款银行盖章）

此联由银行盖章后退解款人

中国工商银行上海市（静安支行）现金解款单（回单） ①

年　月　日

款项来源		收款人	全　称										
解款部门			账　号										
人民币（大写）：				千	百	十	万	千	百	十	元	角	分

票　面	张数	票面	张数	种类	百	十	元	角	分
一百元		五元		五角					
五十元		二元		二角					
二十元		一元		一角					
十　元				分币					

（收款银行盖章）

此联由银行盖章后退解款人

中国工商银行上海市（静安支行）现金解款单（回单） ①

年　月　日

款项来源		收款人	全　称										
解款部门			账　号										
人民币（大写）：				千	百	十	万	千	百	十	元	角	分

票　面	张数	票面	张数	种类	百	十	元	角	分
一百元		五元		五角					
五十元		二元		二角					
二十元		一元		一角					
十　元				分币					

（收款银行盖章）

此联由银行盖章后退解款人

（六）汇计单

中国工商银行银联卡
汇 计 单

编号：08321

特约单位名称：
_____

特约单位编号：
_____

日　　期＿＿＿＿＿＿＿＿

签购单总份数＿＿＿＿＿＿

总　计　金　额＿＿＿＿＿＿

手续费 9‰＿＿＿＿＿＿＿

净　计　金　额＿＿＿＿＿＿

第一联　单位作交费收据　银行盖章后退特约

中国工商银行银联卡
汇 计 单

编号：08322

特约单位名称：
_____

特约单位编号：
_____

日　　期＿＿＿＿＿＿＿＿

签购单总份数＿＿＿＿＿＿

总　计　金　额＿＿＿＿＿＿

手续费 9‰＿＿＿＿＿＿＿

净　计　金　额＿＿＿＿＿＿

第一联　单位作交费收据　银行盖章后退特约

中国工商银行银联卡
汇 计 单

编号：08323

特约单位名称：
_____

特约单位编号：
_____

日　　期＿＿＿＿＿＿＿＿

签购单总份数＿＿＿＿＿＿

总　计　金　额＿＿＿＿＿＿

手续费 9‰＿＿＿＿＿＿＿

净　计　金　额＿＿＿＿＿＿

第一联　单位作交费收据　银行盖章后退特约

中国工商银行银联卡
汇 计 单

编号：08324

特约单位名称：
_____

特约单位编号：
_____

日　　期＿＿＿＿＿＿＿＿

签购单总份数＿＿＿＿＿＿

总　计　金　额＿＿＿＿＿＿

手续费 9‰＿＿＿＿＿＿＿

净　计　金　额＿＿＿＿＿＿

第一联　单位作交费收据　银行盖章后退特约

中国工商银行银联卡			编号：08325	第一联
汇 计 单			日　　　期_____	单位作交费收据
特约单位名称：			签购单总份数_____	银行盖章后退特约
_____			总 计 金 额_____	
特约单位编号：			手 续 费 9‰_____	
_____			净 计 金 额_____	

中国工商银行银联卡			编号：08326	第一联
汇 计 单			日　　　期_____	单位作交费收据
特约单位名称：			签购单总份数_____	银行盖章后退特约
_____			总 计 金 额_____	
特约单位编号：			手 续 费 9‰_____	
_____			净 计 金 额_____	

（七）进账单

中国工商银行上海市（静安支行）进账单（回单） ①

年　月　日

出票人	全　称		持票人	全　称											
	账　号			账　号											
	开户银行			开户银行											
人民币（大写）					千	百	十	万	千	百	十	元	角	分	
票据种类															
票据张数															
备注			（收款银行盖章）												

此联于款项收妥后代收账通知

中国工商银行上海市(静安支行)进账单(回单) ①

年　月　日

出票人	全称		持票人	全称		千	百	十	万	千	百	十	元	角	分
	账号			账号											
	开户银行			开户银行											
人民币(大写)															
票据种类															
票据张数															
备注：			(收款银行盖章)												

此联于款项收妥后代收账通知

中国工商银行上海市(静安支行)进账单(回单) ①

年　月　日

出票人	全称		持票人	全称		千	百	十	万	千	百	十	元	角	分
	账号			账号											
	开户银行			开户银行											
人民币(大写)															
票据种类															
票据张数															
备注：			(收款银行盖章)												

此联于款项收妥后代收账通知

中国工商银行上海市(静安支行)进账单(回单) ①

年　月　日

出票人	全称		持票人	全称		千	百	十	万	千	百	十	元	角	分
	账号			账号											
	开户银行			开户银行											
人民币(大写)															
票据种类															
票据张数															
备注：			(收款银行盖章)												

此联于款项收妥后代收账通知

中国工商银行上海市(静安支行)进账单(回单) ①

年　月　日

出票人	全称		持票人	全称	
	账号			账号	
	开户银行			开户银行	

人民币(大写)		千	百	十	万	千	百	十	元	角	分

票据种类	
票据张数	
备注：	(收款银行盖章)

此联于款项收妥后代收账通知

中国工商银行上海市(静安支行)进账单(回单) ①

年　月　日

出票人	全称		持票人	全称	
	账号			账号	
	开户银行			开户银行	

人民币(大写)		千	百	十	万	千	百	十	元	角	分

票据种类	
票据张数	
备注：	(收款银行盖章)

此联于款项收妥后代收账通知

中国工商银行上海市(静安支行)进账单(回单) ①

年　月　日

出票人	全称		持票人	全称	
	账号			账号	
	开户银行			开户银行	

人民币(大写)		千	百	十	万	千	百	十	元	角	分

票据种类	
票据张数	
备注：	(收款银行盖章)

此联于款项收妥后代收账通知

中国工商银行上海市(静安支行)进账单(回单) ①

年　月　日

出票人	全称		持票人	全称	
	账号			账号	
	开户银行			开户银行	

人民币(大写)		千	百	十	万	千	百	十	元	角	分

票据种类	
票据张数	
备注：	(收款银行盖章)

此联于款项收妥后代收账通知

中国工商银行上海市(静安支行)进账单(回单) ①

年　月　日

出票人	全称		持票人	全称	
	账号			账号	
	开户银行			开户银行	

人民币(大写)		千	百	十	万	千	百	十	元	角	分

票据种类	
票据张数	
备注：	(收款银行盖章)

此联于款项收妥后代收账通知

中国工商银行上海市(静安支行)进账单(回单) ①

年　月　日

出票人	全称		持票人	全称	
	账号			账号	
	开户银行			开户银行	

人民币(大写)		千	百	十	万	千	百	十	元	角	分

票据种类	
票据张数	
备注：	(收款银行盖章)

此联于款项收妥后代收账通知

中国工商银行上海市(静安支行)进账单(回单) ①

年　月　日

出票人	全称		持票人	全称	
	账号			账号	
	开户银行			开户银行	

人民币(大写)		千	百	十	万	千	百	十	元	角	分
票据种类											
票据张数											
备注：											

(收款银行盖章)

此联于款项收妥后代收账通知

中国工商银行上海市(静安支行)进账单(回单) ①

年　月　日

出票人	全称		持票人	全称	
	账号			账号	
	开户银行			开户银行	

人民币(大写)		千	百	十	万	千	百	十	元	角	分
票据种类											
票据张数											
备注：											

(收款银行盖章)

此联于款项收妥后代收账通知

中国工商银行上海市(静安支行)进账单(回单) ①

年　月　日

出票人	全称		持票人	全称	
	账号			账号	
	开户银行			开户银行	

人民币(大写)		千	百	十	万	千	百	十	元	角	分
票据种类											
票据张数											
备注：											

(收款银行盖章)

此联于款项收妥后代收账通知

中国工商银行上海市(静安支行)进账单(回单) ①

年　月　日

出票人	全　称		持票人	全　称	
	账　号			账　号	
	开户银行			开户银行	

人民币(大写)		千	百	十	万	千	百	十	元	角	分

票据种类	
票据张数	
备注：	(收款银行盖章)

此联于款项收妥后代收账通知

中国工商银行上海市(静安支行)进账单(回单) ①

年　月　日

出票人	全　称		持票人	全　称	
	账　号			账　号	
	开户银行			开户银行	

人民币(大写)		千	百	十	万	千	百	十	元	角	分

票据种类	
票据张数	
备注：	(收款银行盖章)

此联于款项收妥后代收账通知

中国工商银行上海市(静安支行)进账单(回单) ①

年　月　日

出票人	全　称		持票人	全　称	
	账　号			账　号	
	开户银行			开户银行	

人民币(大写)		千	百	十	万	千	百	十	元	角	分

票据种类	
票据张数	
备注：	(收款银行盖章)

此联于款项收妥后代收账通知

中国工商银行上海市(静安支行)进账单(回单) ①

年　月　日

出票人	全称		持票人	全称	
	账号			账号	
	开户银行			开户银行	

人民币(大写)		千	百	十	万	千	百	十	元	角	分

票据种类	
票据张数	
备注：	(收款银行盖章)

此联于款项收妥后代收账通知

中国工商银行上海市(静安支行)进账单(回单) ①

年　月　日

出票人	全称		持票人	全称	
	账号			账号	
	开户银行			开户银行	

人民币(大写)		千	百	十	万	千	百	十	元	角	分

票据种类	
票据张数	
备注：	(收款银行盖章)

此联于款项收妥后代收账通知

中国工商银行上海市(静安支行)进账单(回单) ①

年　月　日

出票人	全称		持票人	全称	
	账号			账号	
	开户银行			开户银行	

人民币(大写)		千	百	十	万	千	百	十	元	角	分

票据种类	
票据张数	
备注：	(收款银行盖章)

此联于款项收妥后代收账通知

中国工商银行上海市(静安支行)进账单(回单) ①

年　月　日

出票人	全　称		持票人	全　称	
	账　号			账　号	
	开户银行			开户银行	
人民币 (大写)				千 百 十 万 千 百 十 元 角 分	
票据种类					
票据张数					
备注:			(收款银行盖章)		

此联于款项收妥后代收账通知

中国工商银行上海市(静安支行)进账单(回单) ①

年　月　日

出票人	全　称		持票人	全　称	
	账　号			账　号	
	开户银行			开户银行	
人民币 (大写)				千 百 十 万 千 百 十 元 角 分	
票据种类					
票据张数					
备注:			(收款银行盖章)		

此联于款项收妥后代收账通知

(八) 其他原始凭证

已销商品进销差价计算表

年　月　日

营业柜组	期末库存商品账户余额	主营业务收入账户余额	本期存销商品合计额	结转前商品进销差价账户余额	差价率(%)	已销商品进销差价	期末商品进销差价
合计							

零售商品销售收入调整及销项税额计算表

营业柜组	调整前主营业务收入账户余额	调 整 率	零售商品销售收入	销 项 税 额

批零商品内部调拨收益计算表

年　　月　　日

商品类别	商品调拨额	调拨收益率	调拨收益额
合　　计			

固定资产折旧计算表

年　　月　　日

固定资产类别	固定资产原值(元)	预计使用寿命(年)	净残值率(%)	月折旧额(元)
房屋及建筑物	4 686 900.00			
其中：营业厅	3 493 000.00	40	4	
办公室	637 000.00	32	4	
仓库	556 900.00	30	4	
营业设备	613 800.00	10	4	
运输装卸设备	394 500.00	8	5	
管理设备	267 600.00	6	4	
合　　计	5 962 800.00			

第五部分 记账凭证、会计账簿、财务报告和银行存款余额调节表

一、外购的记账凭证和会计账簿

（一）外购的记账凭证

记账凭证宜采用专用记账凭证，分为收款凭证、付款凭证和转账凭证。

收款凭证	26 张
付款凭证	48 张
转账凭证	90 张
科目汇总表	5 张
记账凭证封面	3 张

也可以根据实习的需要采用通用记账凭证。

建议记账凭证10天汇总1次，即1～10日、11～20日、21～31日（汇总到第118笔经济业务，因涉及的会计科目较多，需要2张科目汇总表）和31日（第119笔至第122笔经济业务）。

（二）会计账簿

三栏式账页（外购）100张。

总分类账和二级明细分类账均采用三栏式账页。

采用三栏式账页的二级明细账有：应收票据、应收账款、库存商品类目账、库存商品明细账、商品进销差价、应付票据、应付账款、主营业务收入、主营业务成本、未交增值税、应交所得税、利润分配等。

二、本模拟实习提供的账页、试算平衡表和财务报告

（一）现金日记账

（二）银行存款日记账

现金日记账

年		凭证号数	摘要	对方科目	收入金额								付出金额								结存金额							
月	日				十	万	千	百	十	元	角	分	十	万	千	百	十	元	角	分	十	万	千	百	十	元	角	分

银行存款日记账

第1页

月	日	凭证号数	摘要	对方科目	收入金额 百十万千百十元角分	付出金额 百十万千百十元角分	结存金额 百十万千百十元角分

银行存款日记账

第 2 页

年		凭证号数	摘要	对方科目	收入金额 百十万千百十元角分	付出金额 百十万千百十元角分	结存金额 百十万千百十元角分
月	日						

银行存款日记账

第3页

年		凭证号数	摘要	对方科目	收入金额 百十万千百十元角分	付出金额 百十万千百十元角分	结存金额 百十万千百十元角分
月	日						

银行存款日记账

第4页

年		凭证号数	摘要	对方科目	收入金额									付出金额									结存金额								
月	日				百	十	万	千	百	十	元	角	分	百	十	万	千	百	十	元	角	分	百	十	万	千	百	十	元	角	分

(三) 在途物资明细账

在途物资明细账

进货批次	供货单位	借方					贷方					转销符号
		年		凭证号数	摘要	金额	年		凭证号数	摘要	金额	
		月	日				月	日				

月	日	借方余额	贷方余额

(四) 应交增值税明细账

应交增值税明细账

年	凭证		摘要	借方				贷方				借或贷	余额
月 日	种类	编号		进项税额	转出未交增值税		合计	销项税额	进项税额转出		合计		

应交增值税明细账

年	月	日	凭证 种类	凭证 编号	摘要	借方 合计	借方 进项税额	贷方 转出未交增值税	贷方 合计	贷方 销项税额	贷方 进项税额转出	借或贷	余额

(五) 销售费用明细账

销售费用明细账

年		凭证号数	摘要	运杂费	包装费	保险费	差旅费	展览费	保管费	广告费	商品损耗	职工薪酬	合计
月	日												

(六)管理费用明细账

管理费用明细账

年 月 日	凭证号数	摘要	职工薪酬	业务招待费	劳动保险费	低值易耗品摊销	折旧费	无形资产摊销	修理费	房产税	印花税	车船税	其他费用	合计

(七) 财务费用明细账

财务费用明细账

年		凭证号数	摘要	利息支出	汇兑损失	手续费	其他财务费用	合计
月	日							

(八) 库存商品三级明细账

库存商品三级明细账

类别：　　　　　品名：　　　　　单位：　　　　　牌价：

年	凭证号数	摘要	收入				发出				结存		
月 日			购进数量	其他数量	单价	金额 十万千百十元角分	销售数量	其他数量	单价	金额 十万千百十元角分	数量	单价	金额 十万千百十元角分

库存商品三级明细账

类别：　　　　　品名：　　　　　单位：　　　　　牌价：

凭证号数		摘要	收入						发出						结存			
年 月 日			购进数量	其他数量	单价	金额 十万千百十元角分			销售数量	其他数量	单价	金额 十万千百十元角分			数量	单价	金额 十万千百十元角分	

库存商品三级明细账

类别：　　　　　品名：　　　　　单位：　　　　　牌价：

凭证号数		摘要	收入					发出					结存			
年 月 日			购进数量	其他数量	单价	金额 十万千百十元角分		销售数量	其他数量	单价	金额 十万千百十元角分		数量	单价	金额 十万千百十元角分	

库存商品三级明细账

类别：　　　　　品名：　　　　　单位：　　　　　牌价：

凭证		摘要	收			入							发			出							结		存					
年			购进数量	其他数量	单价	金额							销售数量	其他数量	单价	金额							数量	单价	金额						
月	日	号数				十万	千	百	十	元	角	分				十万	千	百	十	元	角	分			十万	千	百	十	元	角	分

库存商品三级明细账

类别：　　　　　品名：　　　　　单位：　　　　　牌价：

凭证		摘要	收入						发出						结存						
年 月 日	号数		购进数量	其他数量	单价	金额			销售数量	其他数量	单价	金额			数量	单价	金额				
						十万千百十元角分						十万千百十元角分					十万千百十元角分				

库存商品三级明细账

类别：　　　　品名：　　　　单位：　　　　牌价：

年		凭证号数	摘要	收			发			入 金额							销售数量	其他数量	单价	出 金额							结 数量	单价	存 金额						
月	日			购进数量	其他数量	单价				十万	千	百	十	元	角	分				十万	千	百	十	元	角	分			十万	千	百	十	元	角	分

库存商品三级明细账

类别：　　　　　品名：　　　　　单位：　　　　　牌价：

年		凭证号数	摘要	收入				发出				结存		
月	日			购进数量	其他数量	单价	金额 十万千百十元角分	销售数量	其他数量	单价	金额 十万千百十元角分	数量	单价	金额 十万千百十元角分

库存商品三级明细账

类别：　　　　　品名：　　　　　单位：　　　　　牌价：

年		凭证号数	摘要	收入				发出				结存		存额	
月	日			购进数量	其他数量	单价	金额 十万千百十元角分	销售数量	其他数量	单价	金额 十万千百十元角分	数量	单价	金额 十万千百十元角分	

(九) 试算平衡表

本期发生额和余额试算平衡表

年　月　日

科　目	期　初　余　额		本　期　发　生　额		期　末　余　额	
	借	贷	借	贷	借	贷

(续表)

科 目	期 初 余 额		本 期 发 生 额		期 末 余 额	
	借	贷	借	贷	借	贷
合 计						

(十) 资产负债表

资产负债表

会企01表

编制单位：　　　　　　　　　　年　月　日　　　　　　　　　单位：元

资产	行次	期末余额	年初余额	负债和所有者权益（或股东权益）	行次	期末余额	年初余额
流动资产：				流动负债：			
货币资金	1			短期借款	56		
交易性金融资产	2			交易性金融负债	57		
应收票据	3			应付票据	58		
应收账款	4			应付账款	59		
预付款项	5			预收款项	60		
应收股利	6			应付职工薪酬	61		
应收利息	7			应交税费	62		
其他应收款	8			应付利息	63		
存货	9			应付股利	64		
一年内到期的非流动资产	21			其他应付款	65		
其他流动资产	24			一年内到期的非流动负债	67		
流动资产合计	30			其他流动负债	68		
非流动资产：				流动负债合计	70		
可供出售金融资产	31			非流动负债：			
持有至到期投资	32			长期借款	81		
长期应收款	33			应付债券	82		
长期股权投资	34			长期应付款	83		
投资性房地产	35			专项应付款	84		
固定资产	40			预计负债	85		
在建工程	41			递延所得税负债	86		
工程物资	42			其他非流动负债	87		
固定资产清理	43			非流动负债合计	88		
无形资产	47			负债合计	90		
开发支出	48			所有者权益（或股东权益）：			
商誉	49						
长期待摊费用	50			实收资本（或股本）	100		
递延所得税资产	51			资本公积	101		
其他非流动资产	53			减：库存股	102		
非流动资产合计	54			盈余公积	103		
				未分配利润	104		
				所有者权益（或股东权益）合计	105		
资产总计	55			负债和所有者（或股东权益）总计	110		

会计主管：　　　　　　　　　　复核：　　　　　　　　　　　　　制表：

(十一)应交增值税明细表

应交增值税明细表

会企 01 表附表 3

编制单位：　　　　　　　　　年　月　　　　　　　　　单位：元

项　　　　目	行次	本月数	本年累计数
一、应交增值税：			
1. 年初未抵扣数（以"－"号填列）	1	×	
2. 销项税额	2		
出口退税	3		
进项税额转出	4		
转出多交增值税	5		
	6		
	7		
3. 进项税额	8		
已交税金	9		
减免税款	10		
出口抵减内销产品应纳税额	11		
转出未交增值税	12		
	13		
	14		
4. 期末未抵扣数（以"－"号填列）	15	×	
二、未交增值税：			
1. 年初未交数（多交数以"－"号填列）	16	×	
2. 本期转入数（多交数以"－"号填列）	17		
3. 本期已交数	18		
4. 期末未交数（多交数以"－"号填列）	20	×	

会计主管：　　　　　　　复核：　　　　　　　　　　　　制表：

(十二)利润表

利 润 表

会企02表

编制单位：　　　　　　　　　年　　　　　　　　　　单位：元

项　　　　目	行次	本月金额	本年累计金额
一、营业收入	1		
减：营业成本	2		
营业税金及附加	3		
销售费用	4		
管理费用	5		
财务费用(收益以"－"号填列)	6		
资产减值损失	7		
加：公允价值变动净收益(净损失以"－"号填列)	8		
投资收益(净损失以"－"号填列)	9		
二、营业利润(亏损以"－"号填列)	10		
加：营业外收入	11		
减：营业外支出	12		
其中：非流动资产处置净损失(净收益以"－"号填列)	13		
三、利润总额(亏损总额以"－"号填列)	14		
减：所得税费用	15		
四、净利润(净亏损以"－"号填列)	16		
五、每股收益：	17		
（一）基本每股收益	18	×	
（二）稀释每股收益	19	×	

会计主管：　　　　　　　　复核：　　　　　　　　　　　制表：

(十三) 利润分配表

利 润 分 配 表

会企02表附表1

编制单位： 　　　　　　年度　　　　　　单位：元

项　　　　目	行次	本年实际	上年实际
一、净利润	1		
加：年初未分配利润	2		
减：盈余公积补亏	4		
二、可供分配的利润	8		
减：提取法定盈余公积	9		
提取职工奖励及福利基金	11		
提取储备基金	12		
提取企业发展基金	13		
利润归还投资	14		
三、可供投资者分配的利润	16		
减：应付优先股股利	17		
提取任意盈余公积	18		
应付普通股股利	19		
转作资本(或股本)的普通股股利	20		
四、未分配利润	25		

会计主管：　　　　　　　复核：　　　　　　　制表：

(十四)现金流量表

现 金 流 量 表

会企03表

编制单位： _____年度　　　　　　　　单位：元

项　　　　　目	行次	金　额
一、经营活动产生的现金流量：		
销售商品、提供劳务收到的现金	1	
收到的税费返还	3	
收到其他与经营活动有关的现金	8	
经营活动现金流入小计	9	
购买商品、接受劳务支付的现金	10	
支付给职工以及为职工支付的现金	12	
支付的各项税费	13	
支付其他与经营活动有关的现金	18	
经营活动现金流出小计	20	
经营活动产生的现金流量净额	21	
二、投资活动产生的现金流量：		
收回投资收到的现金	22	
取得投资收益收到的现金	23	
处置固定资产、无形资产和其他长期资产收回的现金净额	25	
处置子公司及其他营业单位收到的现金	26	
收到其他与投资活动有关的现金	28	
投资活动现金流入小计	29	
购建固定资产、无形资产和其他长期资产支付的现金	30	
投资支付的现金	31	
取得子公司及其他营业单位支付的现金净额	32	
支付其他与投资活动有关的现金	35	
投资活动现金流出小计	36	
投资活动产生的现金流量净额	37	
三、筹资活动产生的现金流量：		
吸收投资收到的现金	38	
取得借款收到的现金	40	
收到其他与筹资活动有关的现金	43	
筹资活动现金流入小计	44	
偿还债务支付的现金	45	
分配股利、利润或偿付利息支付的现金	46	
支付其他与筹资活动有关的现金	52	
筹资活动现金流出小计	53	

(续表)

项目	行次	金额
筹资活动产生的现金流量净额	54	
四、汇率变动对现金及现金等价物的影响	55	
五、现金及现金等价物净增加额	56	
加：期初现金及现金等价物余额	57	
六、期末现金及现金等价物余额	58	

补　充　资　料	行次	金额
1. 将净利润调节为经营活动现金流量：		
净利润	59	
加：资产减值准备	60	
固定资产折旧	61	
无形资产摊销	62	
长期待摊费用摊销	63	
处置固定资产、无形资产和其他长期资产的损失（收益以"－"号填列）	64	
固定资产报废损失（收益以"－"号填列）	65	
公允价值变动损失（收益以"－"号填列）	66	
财务费用（收益以"－"号填列）	67	
投资损失（收益以"－"号填列）	68	
递延所得税资产减少（增加以"－"号填列）	69	
递延所得税负债增加（减少以"－"号填列）	70	
存货的减少（增加以"－"号填列）	71	
经营性应收项目的减少（增加以"－"号填列）	72	
经营性应付项目的增加（减少以"－"号填列）	73	
其他	74	
经营活动产生的现金流量净额	75	
2. 不涉及现金收支的重大投资和筹资活动：		
债务转为资本	76	
一年内到期的可转换公司债券	77	
融资租入固定资产	78	
3. 现金及现金等价物净变动情况：		
现金的期末余额	79	
减：现金的期初余额	80	
加：现金等价物的期末余额	81	
减：现金等价物的期初余额	82	
现金及现金等价物净增加额	83	

会计主管：　　　　　　　　复核：　　　　　　　　制表：

（十五）所有者权益变动表

所有者权益变动表

编制单位：　　　　　　　　　　　　　　　年度　　　　　　　　　　　　　　　会企04表
单位：元

项　目	本　年　金　额							上　年　金　额						
	实收资本（或股本）	资本公积	减：库存股	盈余公积	未分配利润	所有者权益合计		实收资本（或股本）	资本公积	减：库存股	盈余公积	未分配利润	所有者权益合计	
一、上年年末余额														
加：会计政策变更														
前期差错更正														
二、本年年初余额														
三、本年增减变动金额（减少以"－"号填列）														
（一）净利润														
（二）直接计入所有者权益的利得和损失														
1. 可供出售金融资产公允价值变动净额														
2. 权益法下被投资单位其他所有者权益变动的影响														
3. 与计入所有者权益项目相关的所得税影响														
4. 其他														
上述（一）和（二）小计														
（三）所有者投入和减少资本														
1. 所有者投入资本														
2. 股份支付计入所有者权益的金额														
3. 其他														
（四）利润分配														
1. 提取盈余公积														
2. 对所有者（或股东）的分配														
3. 其他														
（五）所有者权益内部结转														
1. 资本公积转增资本（或股本）														
2. 盈余公积转增资本（或股本）														
3. 盈余公积弥补亏损														
4. 其他														
四、本年年末余额														

会计主管：　　　　　　　　　复核：　　　　　　　　　制表：

三、银行存款余额调节表

银行存款余额调节表

年　月　日

项　　　目	金　额	项　　　目	金　额
银行存款日记账余额		银行对账单余额	
加：银行已收账，而企业尚未收账数		加：企业已收账，而银行尚未收账数	
减：银行已付账，而企业尚未付账数		减：企业已付账，而银行尚未付账数	
调　节　后　余　额		调　节　后　余　额	

第六部分　会计模拟实习的参考答案

一、主要账户的期末余额

库存现金	1 925.00	商品进销差价	355 515.97
银行存款	481 289.60	应付票据	464 625.40
应收票据	676 539.90	应付账款	299 260.00
应收账款	758 517.08	应交税费	19 838.26
在途物资	257 834.00	应付股利	360 207.94
库存商品	2 368 449.10		

二、损益类主要账户 12 月份净发生额

主营业务收入	1 763 716.00	管理费用	29 003.86
主营业务成本	1 688 489.10	财务费用	6 679.26
销售费用	112 820.90	所得税费用	14 850.75

三、12 月份各营业柜组差价率

服装组	31.67%	食品组	28.60%
百货组	27.33%		

四、财务报表主要项目的金额

(一) 资产负债表的期末余额

货币资金	483 214.60
应收账款	754 724.49
存货	2 395 006.03
未分配利润	106 879.40

(二) 利润表的本年累计金额

营业收入	18 598 646.90
营业利润	645 934.00
利润总额	640 628.00
净利润	480 277.25

(三) 现金流量表主要项目的金额

销售商品、提供劳务收到的现金	21 662 543.93
购买商品、接受劳务支付的现金	19 153 729.31

支付给职工以及为职工支付的现金	1 166 766.09
支付的各项税费	556 308.90
支付其他与经营活动有关的现金	168 235.37
经营活动产生的现金流量净额	620 946.62
现金及现金等价物净增加额	36 367.20
经营性应收项目的减少(减:增加)	－66 975.67
经营性应付项目的增加(减:减少)	57 222.97

五、财务分析指标

(一)偿债能力分析

1. 流动比率　　　　　　　　　　180.39%
2. 速动比率　　　　　　　　　　79.83%
3. 资产负债率　　　　　　　　　25.06%

(二)营运能力分析

1. 应收账款周转率　　　　　　　25.15(次)
2. 存货周转率　　　　　　　　　7.07(次)
3. 流动资产周转率　　　　　　　4.27(次)

(三)盈利能力分析

1. 营业利润率　　　　　　　　　3.47%
2. 营业净利率　　　　　　　　　2.58%
3. 净资产收益率　　　　　　　　6.69%
4. 总资产报酬率　　　　　　　　7.33%

丁元霖最新财会系列丛书

商品流通企业会计	定价：37.00 元
商品流通企业会计习题与解答	定价：28.00 元
商品流通企业会计模拟实习	定价：32.00 元
商品流通企业会计模拟实习解答	定价：14.00 元
旅游饮食服务业会计	定价：33.00 元
旅游饮食服务业会计习题与解答	定价：17.00 元
银行会计	定价：34.00 元
银行会计习题与解答	定价：23.00 元
外贸会计	定价：37.00 元
外贸会计习题与解答	定价：24.00 元
物流企业会计	定价：25.00 元
物流会计习题与解答	定价：22.00 元

丁元霖最新财会系列教材

会计学基础	定价：27.00 元
会计学基础习题与解答	定价：26.00 元
财务会计	定价：39.00 元
财务会计习题与解答	定价：28.00 元
成本会计	定价：37.00 元
成本会计习题与解答	定价：21.00 元
财务管理	定价：33.00 元
财务管理习题与解答	定价：12.50 元
管理会计	定价：27.00 元
管理会计习题与解答	定价：13.50 元
税务会计	定价：25.00 元
税务会计习题与解答	定价：18.00 元

全国各地新华书店、经济书店均有销售

本社发行科可以办理邮购

电话：021-64411389、64411367　　　　传真：021-64411325

地址：上海市中山西路 2230 号　　　　邮编：200235

邮购汇款额＝书款＋邮资(书款总额10%)＋邮挂费(3元)